CÓMO ENTENDER LA BIBLIA

CÓMO ENTENDER LA BIBLIA

UNA DE LAS SIETE PARTES DE LA *TEOLOGÍA SISTEMÁTICA* DE GRUDEM

WAYNE GRUDEM

La misión de Editorial Vida es ser la compañía líder en satisfacer las necesidades de las personas con recursos cuyo contenido glorifique al Señor Jesucristo y promueva principios bíblicos.

CÓMO ENTENDER LA BIBLIA
Edición en español publicada por
Editorial Vida
Miami, Florida

© 2007, 2012 por Wayne Grudem

Originally published in the USA under the title:
Making Sense of the Bible
Copyright © 1994, 2011 by Wayne Grudem
Published by permission of Zondervan, Grand Rapids, Michigan 49530

Diseño interior: *Rojas & Rojas Editores, Inc*
Adaptación de cubierta: *Gus Camacho*
Diseño de cubierta: *Rob Monacelli*

RESERVADOS TODOS LOS DERECHOS. A MENOS QUE SE INDIQUE LO CONTRARIO, EL TEXTO BÍBLICO SE TOMÓ DE LA SANTA BIBLIA NUEVA VERSIÓN INTERNACIONAL. © 1999 POR BÍBLICA INTERNACIONAL.

Esta publicación no podrá ser reproducida, grabada o transmitida de manera completa o parcial, en ningún formato o a través de ninguna forma electrónica, fotocopia u otro medio, excepto como citas breves, sin el consentimiento previo del publicador.

ISBN: 978-0-8297-6050-7

CATEGORÍA: *Teología cristiana / General*

IMPRESO EN ESTADOS UNIDOS DE AMÉRICA
PRINTED IN THE UNITED STATES OF AMERICA

12 13 14 15 ❖ 6 5 4 3 2 1

CONTENIDO

PREFACIO — 7

ABREVIATURAS — 11

    Capítulo 1 • Introducción a la teología sistemática — 13

    Capítulo 2 • La Palabra de Dios — 34

    Capítulo 3 • El canon de las Escrituras — 40

    Capítulo 4 • Las cuatro características de las Escrituras: (1) Autoridad — 58

    Capítulo 5 • La inerrancia de las Escrituras — 74

    Capítulo 6 • Las cuatro características de las Escrituras: (2) Claridad — 88

    Capítulo 7 • Las cuatro características de las Escrituras: (3) Necesidad — 98

    Capítulo 8 • Las cuatro características de las Escrituras: (4) Suficiencia — 109

PREFACIO

No he escrito este libro para otros profesores de teología (aunque espero que muchos de ellos lo lean). Lo he escrito para estudiantes; y no solo para estudiantes, sino también para todo creyente que tenga hambre de saber las doctrinas centrales de la Biblia con mayor profundidad.

He tratado de hacerlo comprensible incluso para creyentes que nunca antes han estudiado teología. He evitado usar términos técnicos sin primero explicarlos. La mayoría de los capítulos se pueden leer de manera independiente, de modo que cualquiera puede empezar en cualquier capítulo y comprenderlo sin tener que leer el material previo.

Los estudios introductorios no tienen que ser superficiales ni simplistas. Estoy convencido de que la mayoría de los creyentes puede comprender las enseñanzas doctrinales de la Biblia con considerable profundidad, siempre y cuando se las presenten en forma clara y sin usar lenguaje altamente técnico. Por consiguiente, no he vacilado en hablar con algún detalle de disputas teológicas en donde me ha parecido necesario.

Sin embargo, este libroes con todo una *introducción* a la teología sistemática. Se han escrito libros enteros sobre los temas que se cubren en cada capítulo de este libro, y se han escrito artículos enteros sobre muchos de los versículos que se citan aquí. Por consiguiente, cada capítulo puede abrirse a estudio adicional con mayor amplitud y mayor profundidad para los que se interesan. Las bibliografías al final de cada capítulo darán alguna ayuda en esa dirección, para los que entienden inglés.

Los siguientes seis rasgos distintivos de este libro brotan de mis convicciones en cuanto a lo que es la teología sistemática y cómo se debe enseñar:

1. Una base bíblica clara para las doctrinas. Debido a que estoy convencido que la teología debe basarse explícitamente en las enseñanzas de la Biblia, en cada capítulo he intentado señalar cuando la Biblia respalda las doctrinas que se están considerando. Es más, debido a que creo que las palabras de las Escrituras en sí mismas tienen mayor peso y autoridad que cualquier palabra humana, no menciono simplemente referencias bíblicas; frecuentemente he *citado* pasajes bíblicos extensos para que los lectores puedan examinar fácilmente por sí mismos la evidencia bíblica y de esa manera ser como los nobles bereanos, quienes «con toda avidez y todos los días examinaban las Escrituras para ver si era verdad lo que se les anunciaba» (Hch 17:11). Esta convicción en cuanto a la naturaleza singular de la Biblia como palabra de Dios también ha llevado a la inclusión de pasajes bíblicos para memorizar al final de cada capítulo.

2. Claridad en la explicación de las doctrinas. No creo que Dios quiso que el estudio de la teología resultara en confusión y frustración. El estudiante que sale de un curso de teología lleno solo con incertidumbre doctrinal y mil preguntas sin contestación pienso que difícilmente «pueda exhortar a otros con la sana doctrina y refutar a los que se opongan» (Tit 1:9). Por consiguiente he tratado de indicar la posición doctrinal de este libro claramente y mostrar en qué lugar de la Biblia hallo evidencia convincente para estas posiciones. No espero que todo el que lea este libro concuerde conmigo en todo punto de doctrina; pero sí pienso que todo lector entenderá las posiciones que propongo y en qué lugar de la Biblia se puede hallar respaldo para esas posiciones.

Esto no quiere decir que paso por alto otros puntos de vista. En donde hay diferencias doctrinales dentro del cristianismo evangélico he tratado de presentar con justicia otras posiciones, explicar por qué discrepo de ellas, y dar referencias de las mejores defensas disponibles para las posiciones opuestas. (Si no he logrado presentar acertadamente un punto de vista opuesto apreciaría una carta de cualquiera que sostenga ese punto de vista, e intentaré hacer correcciones si se publica una edición subsecuente de este libro).

3. Aplicación a la vida. No creo que Dios quiso que el estudio de teología fuera tedioso y aburrido. ¡La teología es el estudio de Dios y todas sus obras! ¡La teología tiene el propósito de que uno la *viva* y la *eleve en oración* y la *cante!* Todos los grandes escritos doctrinales de la Biblia (como la epístola de Pablo a los Romanos) están llenos de alabanzas a Dios y aplicación personal a la vida. Por esta razón he incorporado notas de aplicación de tiempo en tiempo en el texto, y añadido «Preguntas para aplicación personal» al final de cada capítulo, todo relacionado con el tema de ese capítulo. La verdadera teología es «doctrina que es conforme a la piedad» (1 Ti 6:3, RVR 1960), y la teología, cuando se estudia apropiadamente, conducirá a crecimiento en nuestras vidas cristianas y a la adoración.

4. Enfoque en el mundo evangélico. No pienso que un verdadero sistema de teología se pueda construir desde lo que podríamos llamar la tradición teológica «liberal», es decir, de personas que niegan la absoluta veracidad de la Biblia, o que piensan que las palabras de la Biblia no son exactamente palabras de Dios. Por esta razón, los otros escritores con quienes dialogo en este libro están en su mayoría dentro de lo que hoy se llama la tradición «evangélica conservadora» más amplia; desde los grandes reformadores Juan Calvino y Martín Lutero, hasta los escritos de los eruditos evangélicos de hoy. Escribo como evangélico y para evangélicos. Esto no quiere decir que los que siguen la tradición liberal no tengan nada valioso que decir; sino que las diferencias con ellos casi siempre se reducen a diferencias en cuanto a la naturaleza de la Biblia y su autoridad. La cantidad de acuerdo doctrinal que se puede lograr con personas que tienen bases ampliamente divergentes de autoridad es muy limitada. Claro, los profesores pueden siempre asignar lecturas adicionales de teólogos liberales de interés actual, y estoy agradecido por mis amigos evangélicos que escriben críticas extensas de la teología liberal. Pero no pienso que todos están llamados a hacer eso, ni que un análisis extenso de nociones liberales sea la manera más útil de edificar un sistema positivo de teología basado en la total veracidad de toda la Biblia. De hecho, de alguna manera como el niño del cuento de Hans Christian Andersen que gritaba: «¡El emperador no lleva ropa!», pienso que alguien necesita decir que es dudoso que los teólogos liberales nos hayan dado alguna noción significativa de las enseñanzas doctrinales de la Biblia que no se halle ya en los escritores evangélicos.

No siempre se aprecia que el mundo de la erudición evangélica conservadora es tan rico y diverso que permite amplia oportunidad para la exploración de diferentes puntos de vista y nociones de la Biblia. Pienso que a la larga logramos mucha más profundidad de comprensión de la Biblia cuando podemos estudiarla en compañía de un gran número de eruditos que parten de la convicción de que la Biblia es completamente veraz y absolutamente autoritativa.

5. Esperanza de progreso en la unidad doctrinal en la iglesia. Creo que todavía hay mucha esperanza de que la iglesia logre una comprensión doctrinal más honda y más pura, y que supere viejas barreras, incluso las que han persistido por siglos. Jesús está obrando en perfeccionar su iglesia «para presentársela a sí mismo como una iglesia radiante, sin mancha ni arruga ni ninguna otra imperfección, sino santa e intachable » (Ef 5:27), y ha dado dones para equipar a la iglesia, y «de este modo, todos llegaremos a la unidad de la fe y del conocimiento del Hijo de Dios» (Ef 4:13). Aunque la historia pasada de la iglesia puede desalentarnos, estos pasajes bíblicos siguen siendo ciertos, y no debemos abandonar la esperanza de un acuerdo mayor. Es más, en este siglo ya hemos visto una comprensión mucho mayor y algún acuerdo doctrinal mayor entre los teólogos del pacto y dispensacionalistas, y entre carismáticos y no carismáticos; todavía más, pienso que la comprensión de la iglesia respecto a la inerrancia bíblica y los dones del Espíritu también ha aumentado significativamente en las últimas décadas. Creo que el debate presente sobre los apropiados papeles del hombre y la mujer en el matrimonio y en la iglesia a larga resultará igualmente en una comprensión mucho mayor de la enseñanza bíblica, por dolorosa que la controversia pueda ser al presente. Por consiguiente, en este libro no he vacilado en levantar de nuevo algunas de las viejas diferencias sobre algunos temas con la esperanza de que, por lo menos en algunos casos, un vistazo fresco a la Biblia pueda provocar un nuevo examen de estas doctrinas y tal vez pueda impulsar algún movimiento no solo hacia una mayor comprensión y tolerancia de otros puntos de vista, sino incluso a un consenso doctrinal mucho mayor en la iglesia.

6. Un sentido de la urgente necesidad de una mayor comprensión doctrinal en toda la iglesia. Estoy convencido de que hay una necesidad urgente en la iglesia cristiana hoy de una mayor comprensión de la doctrina cristiana, o teología sistemática. No solo los pastores y maestros necesitan entender la teología con mayor profundidad, sino que *la iglesia entera* lo necesita también. Un día, por la gracia de Dios, quizá podamos tener iglesias llenas de creyentes que puedan debatir, aplicar, y *vivir* las enseñanzas doctrinales de la Biblia con tanta facilidad como hablan de los detalles de sus trabajos o pasatiempos o la suerte de su equipo favorito de deportes o programa de televisión. No es que los creyentes carezcan de *capacidad* para entender la doctrina; es simplemente que deben tener acceso a ella en una forma comprensible. Una vez que eso tenga lugar, pienso que muchos creyentes hallarán que comprender (y vivir) las doctrinas de la Biblia es una de sus mayores alegrías.

«Den gracias al Señor, porque él es bueno; su gran amor perdura para siempre». (Sal 118:29)

«La gloria, Señor, no es para nosotros; no es para nosotros sino para tu nombre». (Sal 115:1)

Wayne Grudem
Seminario Phoenix
4222 E. Thomas Road/Suite 400
Phoenix, Arizona 85018 USA

ABREVIATURAS

BAGD	*A Greek-English Lexicon of the New Testament and Other Early Christian Literature.* Ed. Walter Bauer. Rev. y trans. Wm. Arndt, F. W. Gingrich, y F. Danker. University of Chicago Press, Chicago, 1979.
BDB	*A Hebrew and English Lexicon of the Old Testament,* F. Grown, S. R. Driver, and C. Briggs. Clarendon Press, Oxford, 1907; reimpreso, con correcciones, 1968.
BETS	*Bulletin of the Evangelical Theological Theology*
BibSac	*Bibliotheca Sacra*
cf.	compare
CRSQ	*Creation Research Society Quarterly*
CT	*Christianity Today*
CThRev	*Criswell Theological Review*
EBC	*Expositor's Bible Commentary,* Frank E. Gaebelein, ed. Zondervan, Grand Rapids, 1976.
ed.	editor, edición
EDT	*Evangelical Dictionary of Theology.* Walter Elwell, ed. Baker, Grand Rapids, 1984.
et al.	y otros
IBD	*The Illustrated Bible Dictionary.* Ed. J. D. Douglas, et al. 3 tomos. InterVarsity Press, Leicester, y Tyndale House, 1980.
ISBE	*International Standard Bible Encyclopedia.* Edición revisada. G. W. Bromiley, ed. Eerdmans, Grand Rapids, 1982.
JAMA	*Journal of the American Medical Association.*
JBL	Journal of Biblica Literature
JETS	*Journal of the Evangelical Theological Society*
JSOT	*Journal for the Study of the Old Testament*
KJV	Versión King James (Versión inglesa autorizada)
LSJ	*A Greek-English Lexico,* novena edición. Henry Liddell, Robert Scott, H. S. Jones, R. McKenzie. Clarendon Press, Oxford, 1940
LBLA	La Biblia de las Américas
LXX	Septuaginta
n.	nota
n.f.	no dice la fecha de publicación
n.l.	no dice el lugar de publicación
NASB	New American Standard Bible

NDT	*New Dictionary of Theology.* S. B. Ferguson, D. F. Wright, J. I. Packer, editores. Inter-Varsity Press, Downers Grove, Ill., 1988.
NIDCC	*New International Dictionary of the Christian Church.* Ed. J. D. Douglas et al. Zondervan, Grand Rapids, 1974.
NIDCC	*New International Dictionary of New Testament Theology.* 3 tomos. Colin Brown, gen. ed. Zondervan, Grand Rapids, 1975-78.
NIGTC	*New International Greek Testament Commentaries*
NIV	New International Version
NVI	Nueva Versión Internacional
NTS	*New Testament Studies*
ODCC	*Oxford Dictionary of the Christian Church.* Ed. F. L. Cross. Oxford University Press, Londres y Nueva York, 1977.
rev.	revisada
RVR 1960	Versión Reina Valera, revisión de 1960
TB	*Tyndale Bulletin*
TDNT	*Theological Dictionary of the New Testament*, 10 tomos. G. Kittel y G. Friedrich, editores; trad. G. W. Bromiley. Eerdmans, Grand Rapids, 1964-76.
TNTC	Tyndale New Testament Commentaries
TOTC	Tyndale Old Testament Commentaries
trad.	traducido por
VP	Versión Popular (*Dios Habla Hoy*)
WBC	Word Biblical Commentary
WTJ	*Westminster Theological Journal*

Capítulo 1

INTRODUCCIÓN A LA TEOLOGÍA SISTEMÁTICA

¿Qué es teología sistemática?
¿Por qué los creyentes deben estudiarla?
¿Cómo debemos estudiarla?

EXPLICACIÓN Y BASE BÍBLICA

A. Definición de teología sistemática

¿Qué es teología sistemática? Se han dado muchas definiciones diferentes, pero para los propósitos de este libro se usará la siguiente definición: *Teología sistemática es cualquier estudio que responde a la pregunta «¿Qué nos enseña toda la Biblia hoy?» respecto a algún tema dado*[1].

Esta definición indica que la teología sistemática incluye la recolección y comprensión de todos los pasajes relevantes de la Biblia sobre varios temas y luego un resumen claro de sus enseñanzas de modo que sepamos qué creer en cuanto a cada tema.

1. Relación con otras disciplinas. El énfasis de este libro no estará, por consiguiente, en la *teología histórica* (el estudio histórico de cómo los cristianos en diferentes períodos han entendido los varios temas teológicos) ni en la *teología filosófica* (el estudio de temas teológicos principalmente sin el uso de la Biblia, sino usando las herramientas y métodos del razonamiento filosófico y lo que se puede saber en cuanto a Dios al observar el universo) ni *apologética* (la provisión de una defensa de la veracidad de la fe cristiana con el propósito de convencer a los que no creen). Estos tres asuntos, aunque son temas dignos de que

---

[1] Esta definición de teología sistemática la tomo del profesor John Frame, ahora en el Westminster Seminary de Escondido, California, bajo quien tuve el privilegio de estudiar de 1971 a 1973 (en el Seminario Westminster, Filadelfia). Aunque es imposible reconocer mi deuda a él en todo punto, es apropiado expresar mi gratitud en este punto, y decir que probablemente ha influido en mi pensamiento teológico más que cualquier otra persona, especialmente en los asuntos cruciales de la naturaleza de la teología sistemática y la doctrina de la palabra de Dios. Muchos de sus ex alumnos reconocerán ecos de sus enseñanzas en las páginas que siguen, especialmente en esos dos asuntos.

los creyentes los estudien, a veces se incluyen en una definición más amplia del término *teología sistemática*. De hecho, algo de consideración de asuntos históricos, filosóficos y apologéticos se halla en algunos puntos en todo este libro. Esto se debe a que el estudio histórico nos informa de los conceptos adquiridos y las equivocaciones previamente cometidas por otros al entender la Biblia; el estudio filosófico nos ayuda a entender el bien y el mal mediante formas comunes en nuestra cultura y otras; y el estudio de la apologética nos ayuda a llegar al punto en que las enseñanzas de la Biblia afectan las objeciones que levantan los que no creen. Pero esos aspectos de estudio no son el enfoque de esta obra, que más bien interactúa directamente con el texto bíblico a fin de entender lo que la Biblia misma nos dice respecto a varios temas teológicos.

Si alguien prefiere usar el término *teología sistemática* en el sentido más amplio que acabo de mencionar en lugar del sentido estrecho que se ha definido arriba, no habrá mucha diferencia[2]. Los que usan una definición más estrecha concordarán en que estos otros aspectos de estudio definitivamente contribuyen de una manera positiva a nuestra comprensión de la teología sistemática, y los que usan una definición más amplia por cierto concordarán en que la teología histórica, la teología filosófica y la apologética se pueden distinguir del proceso de recoger y sintetizar todos los pasajes relevantes de la Biblia sobre varios temas. Además, aunque los estudios históricos y filosóficos en efecto contribuyen a nuestra comprensión de las cuestiones teológicas, solo la Biblia tiene la autoridad final para definir qué debemos creer[3], y es, por consiguiente, apropiado dedicar algún tiempo a enfocar el proceso de analizar la enseñanza de la Biblia misma.

La teología sistemática, según la hemos definido, también difiere de la teología del Antiguo Testamento, la teología del Nuevo Testamento y la teología bíblica. Estas tres disciplinas organizan sus temas históricamente y en el orden en que los temas están presentados en la Biblia. Por consiguiente, en la teología del Antiguo Testamento uno pudiera preguntar: «¿Qué enseña Deuteronomio sobre la oración?» o «¿Qué enseña Salmos en cuanto a la oración?» o «¿Qué enseña Isaías en cuanto a la oración?» o incluso, «¿Qué enseña todo el Antiguo Testamento en cuanto a la oración, y cómo se desarrolla esa enseñanza en la historia del Antiguo Testamento?». En la teología del Nuevo Testamento uno pudiera preguntar: «¿Qué enseña el Evangelio de Juan sobre la oración?» o «¿Qué enseña Pablo en cuanto a la oración?» o incluso «¿Qué enseña el Nuevo Testamento en cuanto a la oración y cuál es el desarrollo histórico de esa enseñanza conforme progresa a través del Nuevo Testamento?».

«Teología bíblica» tiene un significado técnico en los estudios teológicos. Es la categoría más amplia que contiene la teología del Antiguo Testamento y la teología del Nuevo Testamento, según las hemos definido arriba. La teología bíblica da atención especial a las enseñanzas de *autores individuales y secciones* de la Biblia, y el lugar de cada enseñanza en el *desarrollo histórico* de la Biblia[4]. Así que uno pudiera preguntar: «¿Cuál es

---

[2] Gordon Lewis y Bruce Demarest han acuñado una nueva frase: «teología integradora», para referirse a la teología sistemática en ese sentido más amplio; véase su excelente obra en tres volúmenes, *Integrative Theology* (Zondervan, Grand Rapids, 1996). En cada doctrina ellos analizan alternativas históricas y pasajes bíblicos pertinentes, dan un sumario coherente de la doctrina, responden a objeciones filosóficas y dan aplicación práctica.

[3] Charles Hodge dice: «The Scriptures contain all the Facts of Theology [Las Escrituras contienen todos los datos de la teología]» (subtítulo de sección en *Systematic Theology*, 1:15). Arguye que las ideas que se adquieren por intuición, observación o experiencia son válidas en teología solo si cuentan con respaldo de la enseñanza de la Biblia.

[4] El término «teología bíblica» puede parecer natural y apropiado para el proceso que he llamado «teología sistemática». Sin embargo, su uso en

el desarrollo histórico de la enseñanza en cuanto a la oración según se ve a través de la historia del Antiguo Testamento y después del Nuevo Testamento?». Por supuesto, esa pregunta es muy parecida a esta: «¿Qué nos enseña la Biblia hoy en cuanto a la oración?» (Lo que sería *teología sistemática* según nuestra definición). Se hace entonces evidente que las líneas limítrofes entre estas varias disciplinas a menudo se superponen en los bordes, y partes de un estudio se combinan con el siguiente. Sin embargo, hay con todo una diferencia, porque la teología bíblica rastrea el desarrollo histórico de una doctrina y la manera en que el lugar de uno en algún punto en ese desarrollo histórico afecta la comprensión y aplicación de uno en cuanto a esa doctrina en particular. La teología bíblica también enfoca la comprensión de cada doctrina que los autores bíblicos y sus oyentes o lectores originales tenían.

La teología sistemática, por otro lado, hace uso del material de la teología bíblica y a menudo edifica sobre los resultados de la teología bíblica. En algunos puntos, especialmente en donde se necesita gran cuidado y detalles en el desarrollo de una doctrina, la teología sistemática usará incluso un método teológico bíblico, analizando el desarrollo de cada doctrina mediante el desarrollo histórico de la Biblia. Pero el enfoque de la teología sistemática sigue siendo diferente: su enfoque es la recolección y luego un sumario de la enseñanza de todos los pasajes bíblicos sobre un tema en particular. La teología sistemática pregunta, por ejemplo: «¿Qué nos enseña hoy la Biblia entera en cuanto a la oración?». Procura resumir las enseñanzas de la Biblia en una declaración breve, comprensible y cuidadosamente formulada.

2. Aplicación a la vida. Además, la teología sistemática se concentra en hacer un resumen de cada doctrina como deberían entenderla los creyentes del día presente. Esto a veces incluirá el uso de términos e incluso conceptos que en sí mismos no fueron usados por ningún autor bíblico individual, pero que son el resultado apropiado de combinar las enseñanzas de dos o más autores bíblicos sobre un tema en particular. Los términos *Trinidad, encarnación* y *deidad de Cristo* por ejemplo, no se hallan en la Biblia, pero constituyen un resumen útil de conceptos bíblicos.

Definir la teología sistemática para incluir «lo que toda la Biblia *nos enseña* hoy» implica que la aplicación a la vida es una parte necesaria del correcto empeño de la teología sistemática. Por tanto, una doctrina bajo consideración se ve en términos de su valor práctico para vivir la vida cristiana. En ninguna parte de la Biblia hallamos doctrinas que se estudian por estudiarlas o aisladas de la vida. Los escritores bíblicos siempre aplicaban a la vida sus enseñanzas. Por consiguiente, cualquier cristiano que lea este libro debe hallar su vida cristiana enriquecida y profundizada durante este estudio; ciertamente, si el crecimiento espiritual personal no ocurre, el autor no ha escrito apropiadamente este libro, o el lector no lo ha estudiado correctamente.

3. Teología sistemática y teología desorganizada. Si usamos esta definición de teología sistemática, se verá que la mayoría de los creyentes en realidad hacen teología sistemática

---

estudios teológicos para referirse al rastreo de desarrollos históricos de doctrinas a través de la Biblia está demasiado bien establecido, así que empezar a usar ahora el término *teología bíblica* para referirse a lo que yo he llamado *teología sistemática* resultaría en confusión.

(o por lo menos declaraciones teológicas sistemáticas) muchas veces por semana. Por ejemplo: «La Biblia dice que todo el que cree en Cristo será salvo». «La Biblia dice que Jesucristo es el único camino a Dios». «La Biblia dice que Jesús viene otra vez». Todos estos son resúmenes de lo que la Biblia dice y, como tales, son afirmaciones teológicas sistemáticas. Es más, cada vez que el creyente dice algo en cuanto a lo que dice toda la Biblia, en un sentido está haciendo «teología sistemática, conforme a nuestra definición, al pensar en varios temas y responder a la pregunta: «¿Qué nos enseña toda la Biblia hoy?»[5].

¿Cómo difiere entonces este libro de la «teología sistemática» que la mayoría de los cristianos hacen? Primero, trata los temas bíblicos *de una manera cuidadosamente organizada* para garantizar que todos los temas importantes reciben consideración cabal. Tal organización también provee cierta verificación contra un análisis inexacto de temas individuales, porque quiere decir que todas las otras doctrinas que se tratan pueden ser comparadas con cada tema por uniformidad en metodología y ausencia de contradicciones en las relaciones entre las doctrinas. Esto también ayuda a asegurar una consideración balanceada de doctrinas complementarias: la deidad de Cristo y su humanidad se estudian juntas, por ejemplo, así como también la soberanía de Dios y la responsabilidad del hombre, de modo que no se deriven conclusiones erradas de un énfasis desequilibrado en solo un aspecto de la presentación bíblica completa.

De hecho, el adjetivo *sistemática* en teología sistemática se debe entender como «organizada cuidadosamente por temas», en el sentido de que se verá que los temas estudiados encajan siempre, e incluyen todos los principales temas doctrinales de la Biblia. Así que «sistemática» se debe tener como lo opuesto de «arreglada al azar» o «desorganizada». En la teología sistemática los temas se tratan de una manera ordenada o «sistemática».

Una segunda diferencia entre este libro y la manera en que la mayoría de los cristianos hacen teología sistemática es que trata los temas *con mucho mayor detalle* que lo que lo hacen la mayoría de los creyentes. Por ejemplo, el creyente promedio como resultado de la lectura regular de la Biblia puede hacer la siguiente afirmación teológica: «La Biblia dice que todo el que cree en Jesucristo será salvo». Ese es un sumario perfectamente cierto de una doctrina bíblica principal. Sin embargo, se pudiera dedicar varias páginas para elaborar más precisamente lo que quiere decir «creer en Jesucristo», y se pudiera dedicar varios capítulos a explicar lo que quiere decir «ser salvo» en todas las muchas implicaciones de esa expresión.

Tercero, un estudio formal de la teología sistemática hará posible formular sumarios de las enseñanzas bíblicas con *mucha mayor exactitud* que la que podrían alcanzar normalmente los creyentes sin tal estudio. En la teología sistemática, los sumarios de enseñanzas bíblicas se deben redactar precisamente para evitar malos entendidos y excluir enseñanzas falsas.

Cuarto, un buen análisis teológico debe hallar y tratar equitativamente *todos los pasajes bíblicos pertinentes* a cada tema en particular, y no solo algunos o unos pocos de los

---

[5] Robert L. Reymond, «The Justification of Theology with a Special Application to Contemporary Christology», en Nigel M. Cameron, ed., *The Challenge of Evangelical Theology: Essays in Approach and Method* (Rutherford House, Edimburgo, 1987), pp. 82-104 cita varios ejemplos del Nuevo Testamento de esta clase de búsqueda por toda la Biblia para demostrar conclusiones doctrinales: Jesús en Lc 24:25-27 (y en otros lugares); Apolos en Hch 18:28; el concilio de Jerusalén en Hch 15; y Pablo en Hch 17:2-3; 20:27; y todo Ro. A esta lista se pudiera añadir Heb 1 (sobre la condición de Hijo divino que tiene Cristo, Heb 11 (sobre la naturaleza de la verdadera fe), y muchos otros pasajes de las Epístolas.

pasajes pertinentes. Esto a menudo quiere decir que debemos depender de los resultados de una cuidadosa exégesis (o interpretación) de la Biblia con la que concuerden en general los intérpretes evangélicos o, en donde haya diferencias significativas de interpretación, la teología sistemática incluirá exégesis detalladas en ciertos puntos.

Debido al crecido número de temas que se abordan en un estudio de teología sistemática, y debido al gran detalle con que se analizan esos temas, es inevitable que alguien que estudie un texto de teología sistemática o esté tomando un curso de teología sistemática por primera vez vea muchas de sus creencias cuestionadas o modificadas, refinadas o enriquecidas. Es de extrema importancia, por consiguiente, que toda persona que empieza tal curso resuelva firmemente en su mente abandonar como falsa cualquier idea que se halle que la enseñanza de la Biblia claramente contradice. Pero también es muy importante que toda persona resuelva no creer ninguna doctrina individual solo porque este libro de texto o algún otro libro de texto o maestro dice que es verdad, a menos que este libro o el instructor de un curso pueda convencer al estudiante partiendo del texto de la Biblia misma. Es solo la Biblia, y no «la tradición evangélica conservadora» ni ninguna otra autoridad humana, la que debe funcionar como autoridad normativa para la definición de lo que debemos creer.

4. ¿Cuáles son doctrinas? En este libro la palabra *doctrina* se entenderá de la siguiente manera: *Una doctrina es lo que la Biblia entera nos enseña hoy en cuanto a un tema en particular*. Esta definición se relaciona directamente con nuestra definición anterior de teología sistemática, puesto que muestra que una «doctrina» es simplemente el resultado del proceso de hacer teología sistemática con respecto a un tema en particular. Entendidas de esta manera, las doctrinas pueden ser muy amplias o muy reducidas. Podemos hablar de «la doctrina de Dios» como una categoría doctrinal principal, incluyendo un sumario de todo lo que la Biblia nos enseña hoy en cuanto a Dios. Tal doctrina sería excepcionalmente grande. Por otro lado, podemos hablar más limitadamente de la doctrina de la eternidad de Dios, o de la doctrina de la Trinidad, o de la doctrina de la justicia de Dios[6].

Dentro de cada una de estas categorías doctrinales principales se han seleccionado muchas más enseñanzas específicas como apropiadas para incluirlas. Generalmente estas tienen por lo menos uno de los siguientes tres criterios: (1) son doctrinas que se enfatizan bastante en la Biblia; (2) son doctrinas que han sido las más significativas en toda la historia de la iglesia y han sido importantes para todos los cristianos de todos los tiempos; (3) son doctrinas que han llegado a ser importantes para los creyentes en la situación presente de la historia del cristianismo (aunque algunas de estas doctrinas tal vez no hayan sido de tan gran interés anteriormente en la historia de la iglesia). Algunos ejemplos de doctrinas en la tercera categoría son la doctrina de la inerrancia de la Biblia, la doctrina del bautismo en el Espíritu Santo, la doctrina de Satanás y los demonios con referencia particular a la guerra espiritual, la doctrina de los dones espirituales en la edad del Nuevo Testamento, y la doctrina de la creación del hombre como hombre y mujer en relación a la comprensión de las funciones apropiadas de hombres y mujeres hoy.

---

[6]La palabra *dogma* es un sinónimo aproximado para *doctrina*, pero no la he usado en este libro. *Dogma* es un término que usan más a menudo los teólogos católico—romanos y luteranos, y el término frecuentemente se refiere a doctrinas que tienen el endoso oficial de la iglesia. *Teología dogmática* es lo mismo que *teología sistemática*.

Finalmente, ¿cuál es la diferencia entre teología sistemática y *ética cristiana*? Aunque hay inevitablemente algún traslapo entre el estudio de la teología y el estudio de la ética, he tratado de mantener una distinción en énfasis. El énfasis de la teología sistemática recae en lo que Dios quiere que *creamos* y *sepamos*, en tanto que el énfasis de la ética cristiana es lo que Dios quiere que *hagamos* y cuáles *actitudes* quiere que tengamos. Tal distinción se refleja en la siguiente definición: *La ética cristiana es cualquier estudio que responde a la pregunta: «¿Qué nos exige Dios que hagamos y qué actitudes exige él que tengamos hoy?» con respecto a alguna situación dada.* La teología, pues, se enfoca en ideas en tanto que la ética se enfoca en las circunstancias de la vida. La teología nos dice cómo debemos pensar en tanto que la ética nos dice cómo debemos vivir. Un texto de ética, por ejemplo, considerará temas tales como el matrimonio y el divorcio, mentir y decir la verdad, robar y tener algo en propiedad, el aborto, control de nacimiento, homosexualidad, la función del gobierno civil, disciplina de los hijos, pena capital, guerra, cuidado de los pobres, discriminación racial, y temas por el estilo. Por supuesto que habrá alguna superposición: la teología debe aplicarse a la vida (por consiguiente a menudo es ética hasta cierto punto); y la ética se debe basar en ideas apropiadas de Dios y su mundo (por consiguiente es teológica hasta cierto punto).

Este libro hace énfasis en la teología sistemática, aunque no vacilará en aplicar la teología a la vida en donde tal aplicación vaya bien. Con todo, para un tratamiento exhaustivo de la ética cristiana, sería necesario otro texto similar a este en alcance.

B. Presuposiciones iniciales de este libro

Empezamos con dos presuposiciones o cosas que damos por sentado: (1) que la Biblia es verdad y que es, en efecto, nuestra sola norma absoluta de verdad; (2) que el Dios de que habla la Biblia existe, y que es quien la Biblia dice que es: el Creador del cielo y la tierra y todo lo que hay en ellos. Estas dos presuposiciones, por supuesto, siempre están abiertas para ajuste, modificación o confirmación más honda posteriormente, pero en este punto estas dos presuposiciones forman el punto desde el cual empezamos.

C. ¿Por qué deben los cristianos estudiar teología?

¿Por qué deben los cristianos estudiar teología sistemática? Es decir, ¿por qué debemos empeñarnos en el proceso de recoger y hacer un sumario de las enseñanzas de muchos pasajes individuales de la Biblia sobre temas en particular? ¿Por qué no es suficiente seguir leyendo la Biblia en forma regular todos los días de nuestras vidas?

1. La razón básica. Se han dado muchas respuestas a esta pregunta, pero demasiado a menudo se deja la impresión de que la teología sistemática de alguna manera puede «mejorar» lo que dice la Biblia al hacer un mejor trabajo en organizar sus enseñanzas y explicarlas más claramente de lo que la misma Biblia las explica. Así podemos empezar negando implícitamente la claridad de la Biblia.

Sin embargo, Jesús ordenó a sus discípulos y nos ordena ahora *enseñar* a los creyentes a que observen todo lo que él ordenó:

> Por tanto, vayan y hagan discípulos de todas las naciones, bautizándolos en el nombre del Padre y del Hijo y del Espíritu Santo, *enseñándoles* a obedecer todo

CAPÍTULO 1 · INTRODUCCIÓN A LA TEOLOGÍA SISTEMÁTICA

lo que les he mandado a ustedes. Y les aseguro que estaré con ustedes siempre, hasta el fin del mundo (Mt 28:19-20).

Enseñar todo lo que Jesús ordenó, en un sentido limitado, es enseñar el contenido de la enseñanza oral de Jesús según se registra en las narrativas de los Evangelios. Sin embargo, en un sentido más amplio, «todo lo que Jesús ordenó» incluye la interpretación y aplicación de su vida y enseñanzas, porque el libro de Hechos contiene una narración de lo que Jesús *continuó* haciendo y enseñando por medio de los apóstoles después de su resurrección (nótese que 1:1 habla de «todo lo que Jesús *comenzó* a hacer y enseñar»). «Todo lo que Jesús ordenó» también puede incluir las Epístolas, puesto que fueron escritas bajo la supervisión del Espíritu Santo y también se consideraron como un «mandamiento del Señor» (1 Co 14:37; véase también Jn 14:26; 16:13; 1 Ts 4:15; 2 P 3:2; y Ap 1:1-3). Así que en un sentido más amplio, «todo lo que Jesús ordenó» incluye todo el Nuevo Testamento.

Todavía más, cuando consideramos que los escritos del Nuevo Testamento endosaron la confianza absoluta que Jesús tenía en la autoridad y confiabilidad de las Escrituras del Antiguo Testamento como palabras de Dios, y cuando nos damos cuenta de que las Epístolas del Nuevo Testamento también endosaron esta perspectiva del Antiguo Testamento como palabras absolutamente autoritativas de Dios, se hace evidente que no podemos enseñar «todo lo que Jesús ordenó» sin incluir por igual todo el Antiguo Testamento (entendido apropiadamente en las varias maneras en que se aplica a la edad del nuevo pacto en la historia de la redención).

La tarea de cumplir la gran comisión incluye, por lo tanto, no solo evangelización sino también *enseñanza,* y la tarea de enseñar todo lo que Jesús nos ordenó es, en un sentido amplio, la tarea de enseñar lo que la Biblia entera nos dice hoy. Para enseñarnos a nosotros mismos efectivamente, y enseñar a otros lo que la Biblia entera dice, es necesario *recoger* y *resumir* todos los pasajes bíblicos sobre un tema en particular. Por ejemplo, si alguien me pregunta: «¿Qué enseña la Biblia en cuanto al retorno de Cristo?», yo podría decir: «Siga leyendo la Biblia y lo hallará». Pero si el que pregunta empieza a leer en Génesis 1:1, pasará largo tiempo antes de que halle la respuesta a su pregunta. Para entonces habrá muchas otras preguntas que necesitan respuesta, y su lista de preguntas sin respuestas empezará a verse muy larga en verdad. ¿Qué enseña la Biblia en cuanto a la obra del Espíritu Santo? ¿Qué enseña la Biblia en cuanto a la oración? ¿Qué enseña la Biblia en cuanto al pecado? No hay tiempo en toda nuestra vida para leer la Biblia entera buscando una respuesta por nosotros mismos cada vez que surge un asunto doctrinal. Por consiguiente, para que aprendamos lo que la Biblia dice es muy útil tener el beneficio del trabajo de otros que han investigado todas las Escrituras y han hallado respuestas a estos varios temas.

Podemos enseñar más efectivamente a otros si podemos dirigirlos a los pasajes más pertinentes y sugerir un sumario apropiado de las enseñanzas de esos pasajes. Entonces el que nos pregunta puede inspeccionar esos pasajes rápidamente por sí mismo y aprender mucho más rápido cuál es la enseñanza bíblica sobre ese tema en particular. Así que la necesidad de la teología sistemática para enseñar lo que la Biblia dice surge primordialmente porque somos finitos en nuestra memoria y en la cantidad de tiempo que tenemos disponible.

La razón básica de estudiar la teología sistemática, entonces, es que nos enseña a nosotros mismos y permite que enseñemos a otros lo que toda la Biblia dice, cumpliendo así la segunda parte de la gran comisión.

2. Los beneficios para nuestra vida. Aunque la razón básica para estudiar la teología sistemática es que es un medio de obediencia al mandamiento de nuestro Señor, hay también algunos beneficios adicionales que surgen de tal estudio.

Primero, estudiar la teología nos ayuda a *superar nuestras ideas erradas*. Si no hubiera pecado en nosotros, podríamos leer la Biblia de tapa a tapa y, aunque no aprenderíamos de inmediato todo lo que dice la Biblia, con mucha probabilidad aprenderíamos solo cosas verdaderas en cuanto a Dios y su creación. Cada vez que la leyéramos aprenderíamos más cosas ciertas y no nos rebelaríamos ni rehusaríamos aceptar algo que hallamos escrito allí. Pero con el pecado en nuestros corazones retenemos algo de rebelión contra Dios. En varios puntos hay —para todos nosotros— enseñanzas bíblicas que por una razón u otra no queremos aceptar. El estudio de teología sistemática nos ayuda a superar esas rebeldes ideas.

Por ejemplo, supóngase que hay alguien que no quiere creer que Jesús regresará a la tierra. Podríamos mostrarle a esta persona un versículo o tal vez dos que hablan del retorno de Jesús a la tierra, pero la persona tal vez todavía halle una manera de evadir la fuerza de esos versículos o leer en ellos un significado diferente. Pero si recogemos veinticinco o treinta versículos que dicen que Jesús vuelve a la tierra personalmente, y los anotamos en un papel, nuestro amigo que vaciló en creer en el retorno de Cristo con mayor probabilidad se persuadirá ante la amplitud y diversidad de la evidencia bíblica para esta doctrina. Por supuesto, todos tenemos cuestiones como esa, temas en que nuestro entendimiento de la enseñanza de la Biblia es inadecuado. En estos temas es útil que se nos confronte con *el peso total de la enseñanza de la Biblia* sobre ese tema, para que seamos más fácilmente persuadidos incluso contra nuestras inclinaciones erradas iniciales.

Segundo, estudiar teología sistemática nos ayuda a *tomar mejores decisiones más adelante* sobre nuevas cuestiones de doctrina que puedan surgir. No podemos saber cuáles nuevas controversias doctrinales surgirán en las iglesias en las cuales viviremos y ministraremos de aquí a diez, veinte o treinta años, si el Señor no regresa antes. Estas nuevas controversias doctrinales a veces incluirán asuntos que nadie ha enfrentado con mucha atención antes. Los cristianos preguntarán: «¿Qué dice la Biblia entera en cuanto a este tema?». (La naturaleza precisa de la inerrancia bíblica y el entendimiento apropiado de la enseñanza bíblica sobre los dones del Espíritu Santo son dos ejemplos de asuntos que han surgido en nuestro siglo con mucha mayor fuerza que nunca antes en la historia de la iglesia).

Cualesquiera que sean las nuevas controversias doctrinales en años futuros, los que han aprendido bien la teología sistemática serán mucho más capaces de responder a las otras preguntas que surjan. Esto se debe a que todo lo que la Biblia dice de alguna manera se relaciona a todo lo demás que la Biblia dice (porque todo encaja de una manera congruente, por lo menos dentro de la propia comprensión de Dios de la realidad, y en la naturaleza de Dios y la creación tal como son). Así que las nuevas preguntas tendrán que ver con mucho de lo que ya se ha aprendido de la Biblia. Mientras mejor se haya aprendido ese material anterior, más capaces seremos de lidiar con esas nuevas preguntas.

CAPÍTULO 1 · INTRODUCCIÓN A LA TEOLOGÍA SISTEMÁTICA

Este beneficio se extiende incluso más ampliamente. Enfrentamos problemas al aplicar la Biblia a la vida en muchos más contextos que debates doctrinales formales. ¿Qué enseña la Biblia en cuanto a las relaciones entre esposo y esposa? ¿Qué, en cuanto a la crianza de los hijos? ¿En cuanto a testificarle a algún compañero de trabajo? ¿Qué principios nos da la Biblia para estudiar psicología, economía o ciencias naturales? ¿Cómo nos guía en cuanto a gastar dinero, ahorrarlo o dar el diezmo? En todo asunto que busquemos influirán ciertos principios teológicos, y los que han aprendido bien las enseñanzas teológicas de la Biblia serán mucho más capaces de tomar decisiones que agradan a Dios.

Una analogía útil en este punto es la de un rompecabezas. Si el rompecabezas representa «lo que la Biblia entera nos enseña hoy acerca de todo», un curso de teología sistemática será como armar el borde y algunos sectores principales incluidos en el rompecabezas. Pero nunca podremos saber todo lo que la Biblia enseña acerca de todas las cosas, así que nuestro rompecabezas tendrá muchas brechas, muchas piezas que todavía faltan por colocar. Resolver un problema nuevo en la vida real es como completar otra sección del rompecabezas: mientras más piezas tiene uno en su lugar correcto al empezar, más fácil es colocar nuevas piezas en su sitio, y menos posibilidades tiene uno de cometer equivocaciones. En este libro el objetivo es permitir que los creyentes pongan en su «rompecabezas teológico» tantas piezas con tanta precisión como sea posible, y animar a los creyentes a seguir poniendo más y más piezas correctas por el resto de su vida. Las doctrinas cristianas que se estudian aquí actuarán como pautas para ayudarle a llenar las áreas, áreas que pertenecen a todos los aspectos de verdad en todos los aspectos de la vida.

Tercero, estudiar teología sistemática *nos ayudará a crecer como creyentes*. Mientras más sabemos de Dios, de su Palabra, de sus relaciones con el mundo y la humanidad, más confiaremos en él, más plenamente le alabaremos, y con mayor presteza le obedeceremos. Estudiar apropiadamente la teología sistemática nos hace creyentes más maduros. Si no hace esto, no estamos estudiándola de la manera que Dios quiere.

Por cierto, la Biblia a menudo conecta la sana doctrina con la madurez en la vida cristiana: Pablo habla de «*la doctrina que se ciñe a la verdadera religión*» (1 Ti 6:3) y dice que su obra como apóstol es «para que, mediante la fe, los elegidos de Dios lleguen a conocer *la verdadera religión*» (Tit 1:1). En contraste, indica que toda clase de desobediencia e inmoralidad «está en contra de la sana doctrina» (1 Ti 1:10).

En conexión con esta idea es apropiado preguntar qué diferencia hay entre una «doctrina principal» y una «doctrina menor». Los cristianos a menudo dicen que quieren buscar acuerdo en la iglesia en cuanto a doctrinas principales pero dar campo para diferencias en doctrinas menores. He hallado útil la siguiente pauta:

> Una doctrina principal es la que tiene un impacto significativo en lo que pensamos de otras doctrinas, o que tiene un impacto significativo en cómo vivimos la vida cristiana. Una doctrina menor es la que tiene muy poco impacto en cómo pensamos en cuanto a otras doctrinas, y muy poco impacto en cómo vivimos la vida cristiana.

Según esta norma, doctrinas como la autoridad de la Biblia, la Trinidad, la deidad de Cristo, la justificación por la fe y muchas otras se considerarían apropiadamente doctrinas principales. Los que no están de acuerdo con la comprensión evangélica histórica de algunas de estas doctrinas tendrán amplios puntos de diferencias con los creyentes evangélicos que afirman estas doctrinas. Por otro lado, me parece que las diferencias en cuanto a las formas de gobierno de la iglesia o algunos detalles en cuanto a la cena del Señor o las fechas de la gran tribulación tienen que ver con doctrinas menores. Los creyentes que difieren sobre estas cosas pueden estar de acuerdo en tal vez casi todos los otros puntos de la doctrina, pueden vivir vidas cristianas que no difieren de manera importante, y pueden tener genuina comunión unos con otros.

Por supuesto, tal vez hallemos doctrinas que caen en algún punto entre «principales» y «menores» de acuerdo a esta norma. Por ejemplo, los cristianos pueden diferir sobre el grado de significación que se debe asignar a la doctrina del bautismo o el milenio o el alcance de la expiación. Eso es natural, porque muchas doctrinas tienen *alguna* influencia sobre otras doctrinas o sobre la vida, pero podemos diferir en cuanto a si pensamos que sea una influencia «significativa». Podemos incluso reconocer que habrá una gama de significación aquí, y simplemente decir que mientras más influencia tiene una doctrina sobre otras doctrinas y la vida, más «principal» llega a ser. Esta cantidad de influencia incluso puede variar de acuerdo a las circunstancias históricas y necesidades de la iglesia en un momento dado. En tales casos, los cristianos deben pedirle a Dios que les dé sabiduría madura y juicio sano al tratar de determinar hasta qué punto una doctrina se debe considerar «principal» en sus circunstancias particulares.

D. Una nota sobre dos objeciones al estudio de la teología sistemática

1. «Las conclusiones son "demasiado pulidas" para ser verdad». Algunos estudiosos miran con sospecha la teología sistemática cuando —o incluso porque— sus enseñanzas encajan unas con otras en una manera no contradictoria. Objetan que el resultado sea «demasiado pulidas» y que los teólogos sistemáticos deben por consiguiente estar embutiendo las enseñanzas de la Biblia en un molde artificial y distorsionando el significado verdadero de las Escrituras a fin de lograr un conjunto ordenado de creencias.

A esta objeción se pueden dar dos respuestas: (1) Debemos primero preguntar a los que hacen tal objeción qué puntos específicos de la Biblia han sido interpretados mal, y entonces debemos lidiar con la comprensión de esos pasajes. Tal vez se hayan cometido equivocaciones, y en ese caso debe haber correcciones.

Sin embargo, también es posible que el objetor no tenga pasajes específicos en mente, o ninguna interpretación claramente errónea que señalar en las obras de los teólogos evangélicos más responsables. Desde luego, se puede hallar exégesis incompetente en los escritos de eruditos menos competentes en *cualquier* campo de estudios bíblicos, no solo en la teología sistemática, pero esos «malos ejemplos» constituyen una objeción no contra la erudición como un todo sino contra el erudito incompetente mismo.

Es muy importante que el objetor sea específico en este punto porque esta objeción a veces la hacen quienes, tal vez inconscientemente, han adoptado de nuestra cultura un concepto escéptico de la posibilidad de hallar conclusiones universalmente verdaderas en cuanto a algo, incluso en cuanto a Dios y su Palabra. Esta clase de escepticismo respecto a la verdad teológica es especialmente común en el mundo universitario moderno en donde «teología sistemática», si es que se estudia, se estudia solo desde la

CAPÍTULO 1 · INTRODUCCIÓN A LA TEOLOGÍA SISTEMÁTICA

perspectiva de la teología filosófica y la teología histórica (incluyendo tal vez un estudio histórico de las varias ideas que creyeron los primeros cristianos que escribieron el Nuevo Testamento, y otros cristianos de ese tiempo y a través de la historia de la iglesia). En este tipo de clima intelectual el estudio de «teología sistemática» según se define en este capítulo se consideraría imposible, porque se da por sentado que la Biblia es meramente la obra de muchos autores humanos que escribieron en diversas culturas y experiencias en el curso de más de mil años. Se pensaría que tratar de hallar «lo que toda la Biblia enseña» en cuanto a algún asunto sería tan inútil como tratar de hallar «lo que todos los filósofos enseñan» respecto a algún asunto, porque se pensaría que la respuesta en ambos casos no es una noción sino muchas nociones diversas y a menudo en conflicto. Este punto de vista escéptico lo deben rechazar los evangélicos que ven las Escrituras como producto de autoría humana y divina, y por consiguiente como una colección de escritos que enseñan verdades no contradictorias en cuanto a Dios y en cuanto al universo que él creó.

(2) Segundo, se debe contestar que en la mente de Dios, y en la naturaleza de la realidad en sí misma, los hechos e ideas *verdaderos* son todos congruentes entre sí. Por consiguiente, si hemos entendido acertadamente las enseñanzas de Dios en la Biblia debemos esperar que nuestras conclusiones «encajen unas con otras» y sean congruentes entre sí. La congruencia interna, entonces, es un argumento a favor, y no en contra, de cualquier resultado individual de la teología sistemática.

2. «La selección de temas dicta las conclusiones». Otra objeción general a la teología sistemática tiene que ver con la selección y arreglo de los temas, e incluso el hecho de que se haga tal estudio de la Biblia arreglado por temas, usando categorías a veces diferentes de las que se hallan en la misma Biblia. ¿Por qué se tratan *estos* temas teológicos en lugar de simplemente los demás que recalcan los autores bíblicos, y por qué los temas *se arreglan de esta manera* y no de otra? Tal vez, diría esta objeción, nuestras tradiciones y nuestras culturas han determinado los temas que tratamos y el arreglo de los temas, para que los resultados en este estudio teológico sistemático de la Biblia, aunque aceptable en nuestra propia tradición teológica, en realidad no sea fiel a la Biblia misma.

Una variante de esta objeción es la afirmación de que nuestro punto de partida a menudo determina nuestras conclusiones respecto a temas controversiales: si decidimos empezar con un énfasis en la autoría divina de la Biblia, por ejemplo, acabaremos creyendo en la inerrancia bíblica, pero si empezamos con un énfasis en la autoría humana de la Biblia, acabaremos creyendo que hay algunos errores en la Biblia. En forma similar, si empezamos con un énfasis en la soberanía de Dios, acabaremos siendo calvinistas, pero si empezamos con un énfasis en la capacidad del hombre para tomar decisiones libres, acabaremos siendo arminianos, y así por el estilo. Esta objeción hace que parezca que las preguntas teológicas más importantes probablemente se pudieran decidir echando una moneda al aire para decidir en dónde empezar, puesto que se puede llegar a conclusiones *diferentes* e *igualmente válidas* desde diferentes puntos de partida.

Los que hacen tal objeción a menudo sugieren que la mejor manera de evitar este problema es no estudiar ni enseñar teología sistemática, sino limitar nuestros estudios temáticos al campo de la teología bíblica, tratando solo los temas y asuntos que los autores bíblicos mismos recalcan y describir el desarrollo histórico de estos temas bíblicos a través de la Biblia.

En respuesta a esta objeción, una gran parte de la consideración en este capítulo en cuanto a la necesidad de enseñar la Biblia será pertinente. Nuestra selección de temas no tiene que estar restringida a los principales intereses de los autores bíblicos, porque nuestra meta es hallar lo que Dios requiere de nosotros en todos los aspectos de interés para nosotros hoy.

Por ejemplo, a ningún autor del Nuevo Testamento le interesó *sobremanera* explicar temas tales como el «bautismo en el Espíritu Santo», o las funciones de las mujeres en la iglesia, o la doctrina de la Trinidad, pero estos son asuntos válidos de interés para nosotros hoy, y debemos buscar todos los lugares en la Biblia que tienen relación con esos temas (sea que esos términos específicos se mencionen o no, y sea que esos temas sean el foco primordial de cada pasaje que examinamos o no) para ser capaces de entender y explicar a otros «lo que toda la Biblia enseña» en cuanto a ellos.

La única alternativa —porque *en efecto* pensaremos *algo* sobre esos temas— es formar nuestras opiniones sin orden ni concierto partiendo de una impresión general de lo que pensamos que es la posición «bíblica» sobre cada tema, o tal vez apuntalar nuestras posiciones con análisis cuidadoso de uno o dos pasajes pertinentes, sin ninguna garantía de que esos pasajes presenten una noción balanceada de «todo el propósito de Dios» (Hch 20:27) sobre el tema que se considera. En verdad este enfoque, demasiado común en círculos evangélicos hoy, podría, me parece, llamarse «teología asistemática» o incluso ¡«teología al azar y desordenada»! Tal alternativa es demasiado subjetiva y demasiado sujeta a presiones culturales. Tiende a la fragmentación doctrinal e incertidumbre doctrinal ampliamente extendida, y deja a la iglesia teológicamente inmadura, como «niños, zarandeados por las olas y llevados de aquí para allá por todo viento de enseñanza» (Ef 4:14).

Respecto a la objeción en cuanto a la selección y secuencia de los temas, nada hay que nos impida acudir a la Biblia para buscar respuestas a *cualquier* pregunta doctrinal, considerada en *cualquier secuencia*. La secuencia de temas en este libro es muy común y se ha adoptado porque es ordenada y se presta bien para el aprendizaje y la enseñanza. Pero los capítulos se pueden leer en cualquier secuencia que uno quiera, y las conclusiones no van a ser diferentes, ni tampoco lo persuasivo de los argumentos —si están derivados apropiadamente de la Biblia— se reducirá significativamente. He tratado de escribir los capítulos de modo que se puedan leer como unidades independientes.

E. ¿Cómo deben los cristianos estudiar teología sistemática?

¿Cómo, entonces, debemos estudiar la teología sistemática? La Biblia provee algunas pautas que responden a esta pregunta.

1. Debemos estudiar la teología sistemática en oración. Si estudiar teología sistemática es solo una manera de estudiar la Biblia, los pasajes de la Biblia que hablan de la manera en que debemos estudiar la Palabra de Dios nos orientan en esta tarea. Tal como el salmista ora en Salmo 119:18: «Ábreme los ojos, para que contemple las maravillas de tu ley», debemos orar y buscar la ayuda de Dios para entender su Palabra. Pablo nos dice

CAPÍTULO 1 · INTRODUCCIÓN A LA TEOLOGÍA SISTEMÁTICA

en 1 Corintios 2:14 que «El que no tiene el Espíritu no acepta lo que procede del Espíritu de Dios, pues para él es locura. No puede entenderlo, porque hay que discernirlo espiritualmente». Estudiar teología es por consiguiente una actividad espiritual en la que necesitamos la ayuda del Espíritu Santo.

Por inteligente que sea, si el estudiante no persiste en orar para que Dios le dé una mente que comprenda, y un corazón creyente y humilde, y el estudiante no mantiene un andar personal con el Señor, las enseñanzas de la Biblia serán mal entendidas y no se creerá en ellas, resultará error doctrinal, y la mente y el corazón del estudiante no cambiarán para bien sino para mal. Los estudiantes de teología sistemática deben resolver desde el principio mantenerse libres de toda desobediencia a Dios o de cualquier pecado conocido que interrumpiría su relación con él. Deben resolver mantener con gran regularidad su vida devocional. Deben orar continuamente pidiendo sabiduría y comprensión de las Escrituras.

Puesto que es el Espíritu Santo el que nos da la capacidad de entender apropiadamente la Biblia, necesitamos darnos cuenta de que lo que hay que hacer, particularmente cuando no podemos entender algún pasaje o alguna doctrina de la Biblia, es pedir la ayuda de Dios. A menudo lo que necesitamos no es más información sino más perspectiva en cuanto a la información que ya tenemos disponible. Esa perspectiva la da solamente el Espíritu Santo (cf. 1Co 2:14; Ef 1:17-19).

2. Debemos estudiar teología sistemática con humildad. Pedro nos dice: «Dios se opone a los orgullosos, pero da gracia a los humildes» (1 P 5:5). Los que estudian teología sistemática aprenderán muchas cosas en cuanto a las enseñanzas de la Biblia que tal vez no saben, o no conocen bien otros creyentes en sus iglesias o parientes que tienen más años en el Señor que ellos. También pueden comprender cosas en cuanto a la Biblia que algunos de los oficiales de su iglesia no entienden, e incluso que su pastor tal vez haya olvidado o nunca aprendió bien.

En todas estas situaciones sería muy fácil adoptar una actitud de orgullo o superioridad hacia otros que no han hecho tal estudio. Pero qué horrible sería si alguien usara este conocimiento de la Palabra de Dios solo para ganar discusiones o para denigrar a otro creyente en la conversación, o para hacer que otro creyente se sienta insignificante en la obra del Señor. El consejo de Santiago es bueno para nosotros en este punto: «Todos deben estar listos para escuchar, y ser lentos para hablar y para enojarse; pues la ira humana no produce la vida justa que Dios quiere» (Stg 1:19-20). Nos dice que lo que uno comprende de la Biblia debe ser impartido en humildad y amor:

> ¿Quién es sabio y entendido entre ustedes? Que lo demuestre con su buena conducta, mediante obras hechas con la humildad que le da su sabiduría. […] En cambio, la sabiduría que desciende del cielo es ante todo pura, y además pacífica, bondadosa, dócil, llena de compasión y de buenos frutos, imparcial y sincera. En fin, el fruto de la justicia se siembra en paz para los que hacen la paz (Stg 3:13, 17-18).

La teología sistemática estudiada como es debido no conducirá a un conocimiento que «envanece» (1 Co 8:1), sino a humildad y amor por otros.

3. Debemos estudiar teología sistemática con razonamiento. Hallamos en el Nuevo Testamento que Jesús y los autores del Nuevo Testamento a menudo citan un versículo de la Biblia y luego derivan de él conclusiones lógicas. *Razonan* partiendo del pasaje bíblico. Por consiguiente, no es errado usar el entendimiento humano, la lógica humana y la razón humana para derivar conclusiones de las afirmaciones de la Biblia. No obstante, cuando razonamos y derivamos de la Biblia lo que pensamos que sean deducciones lógicas correctas, a veces cometemos errores. Las deducciones que derivamos de las afirmaciones de la Biblia no son iguales a las afirmaciones de la Biblia en sí mismas en certeza o autoridad, porque nuestra capacidad para razonar y derivar conclusiones no es la suprema norma de verdad; pues solo la Biblia lo es.

¿Cuáles son, entonces, los límites en nuestro uso de nuestras capacidades de razonamiento para derivar deducciones de las afirmaciones de la Biblia? El hecho de que razonar y llegar a conclusiones que van más allá de las meras afirmaciones de la Biblia es apropiado e incluso necesario para estudiar la Biblia, y el hecho de que la Biblia en sí misma es la suprema norma de verdad, se combinan para indicarnos que *somos libres para usar nuestras capacidades de razonamiento para derivar deducciones de cualquier pasaje de la Biblia en tanto y en cuanto esas deducciones no contradigan la clara enseñanza de algún otro pasaje de la Biblia*[7].

Este principio pone una salvaguarda en nuestro uso de lo que pensamos que sean deducciones lógicas de la Biblia. Nuestras deducciones supuestamente lógicas pueden estar erradas, pero la Biblia en sí misma no puede estar errada. Por ejemplo, podemos leer la Biblia y hallar que a Dios Padre se le llama Dios (1 Co 1:3), que a Dios Hijo se le llama Dios (Jn 20:28; Tit 2:13) y que a Dios Espíritu Santo se le llama Dios (Hch 5:3-4). De esto podemos deducir que hay tres Dioses. Pero después hallamos que la Biblia explícitamente nos enseña que Dios es uno (Dt 6:4; Stg 2:19). Así que concluimos que lo que nosotros *pensamos* que era una deducción lógica válida en cuanto a tres Dioses estaba errada y que la Biblia enseña (a) que hay tres personas separadas (Padre, Hijo y Espíritu Santo), cada una de las cuales es plenamente Dios, y (b) que hay solo un Dios.

No podemos entender exactamente cómo estas dos afirmaciones pueden ser verdad a la vez, así que constituyen una *paradoja* («afirmación que aunque parece contradictoria puede ser verdad»)[8]. Podemos tolerar una paradoja (tal como «Dios es tres personas y

---

[7] Esta pauta también la adopto del profesor John Frame, del Westminster Seminary.

[8] El *American Heritage Dictionary of the English Language*, ed. William Morris (Houghton-Mifflin, Boston, 1980), p. 950 (primera definición). Esencialmente el mismo significado lo adopta el *Oxford English Dictionary* (ed. 1913, 7:450), el *Concise Oxford Dictionary* (ed. 1981, p. 742), el *Random House Collage Dictionary* (ed. 1979, p. 964), y el *Chambers Twentieth Century Dictionary* (p. 780), aunque todos notan que *paradoja* también puede significar «contradicción» (aunque en forma menos común); compare la *Encyclopedia of Philosophy*, ed. Paul Edwards (Macmillan and the Free Press, New York, 1967), 5:45, y todo el artículo «Logical Paradoxes» («Paradojas lógicas») de John van Heijenoort en las pp. 45-51 del mismo volumen, que propone soluciones a muchas de las paradojas clásicas en la historia de la filosofía. (Si *paradoja* significa «contradicción», tales soluciones serían imposibles).

Cuando uso la palabra *paradoja* en el sentido primario que definen estos diccionarios hoy me doy cuenta de que difiero en alguna medida con el artículo *«Paradox»* («Paradoja») de K. S. Kantzer in *EDT*, ed. Walter Elwell, pp. 826-27 (que toma *paradoja* para significar esencialmente «contradicción»). Sin embargo, uso *paradoja* en el sentido ordinario del inglés y que es conocido en la filosofía. Me parece que no hay disponible ninguna otra palabra mejor que *paradoja* para referirse a lo que parece ser una contradicción y no lo es en realidad.

Hay, sin embargo, alguna falta de uniformidad en el uso del término *paradoja* y un término relacionado: *antinomia*, en el debate evangélico contemporáneo. La palabra *antinomia* se ha usado a veces para aplicarla a lo que aquí llamo *paradoja*, es decir, «lo que parecen ser afirmaciones contradictorias que sin embargo ambas son verdades» (vea, por ejemplo, John Jefferson Davis, *Theology Primer* [Baker, Grand Rapids, 1981], p. 18). Tal sentido de *antinomia* ganó respaldo en un libro ampliamente leído *Evangelism and the Sovereignty of God*, por J. I Packer (Intervarsity Press, Londres, 1961). En las pp. 18-22 Packer define *antinomia* como «una apariencia de contradicción» (pero admite en la p. 18 que esta definición difiere del *Shorter Oxford Dictionary*). Mi problema en cuanto a usar *antinomia* en este sentido es que la palabra es tan poco conocida en el

CAPÍTULO 1 · INTRODUCCIÓN A LA TEOLOGÍA SISTEMÁTICA

solo un Dios») porque tenemos la confianza de que en última instancia Dios sabe plenamente la verdad en cuanto a sí mismo y en cuanto a la naturaleza de la realidad, y que para él los diferentes elementos de una paradoja quedan plenamente reconciliados, aunque en este punto los pensamientos de Dios son más altos que los nuestros (Is 55: 8-9). Pero una verdadera contradicción (como el que «Dios es tres personas y Dios no es tres personas») implicaría contradicción en la comprensión que Dios tiene de sí mismo y de la realidad, y esto no puede ser.

Cuando el salmista dice: «La suma de tus palabras es la verdad; tus rectos juicios permanecen para siempre» (Sal 119:160), implica que las palabras de Dios no solo son verdad individualmente sino también cuando se ven juntas como un todo. Vistas colectivamente, su «suma» es también «verdad». En última instancia, no hay contradicción interna ni en la Biblia ni en los pensamientos de Dios.

4. Debemos estudiar teología sistemática con la ayuda de otros. Debemos estar agradecidos de que Dios ha puesto maestros en la iglesia («En la iglesia Dios ha puesto, en primer lugar, apóstoles; en segundo lugar, profetas; en tercer lugar, *maestros*», 1 Co 12:28). Debemos permitir que los que tienen estos dones de enseñanza nos ayuden a entender las Escrituras. Esto significa que debemos usar teologías sistemáticas y otros libros que han escrito algunos de los maestros que Dios le ha dado a la iglesia en el curso de su historia. También significa que nuestro estudio de teología incluirá *hablar con otros cristianos* en cuanto a las cosas que estamos estudiando. Entre aquellos con quienes hablamos a menudo estarán algunos con dones de enseñanza que pueden explicar las enseñanzas bíblicas claramente y ayudarnos a entenderlas más fácilmente. De hecho, algunos de los aprendizajes más efectivos en los cursos de teología sistemática en universidades y seminarios a menudo ocurren fuera del salón de clases, en conversaciones informales entre estudiantes que intentan entender por sí mismos las doctrinas bíblicas.

5. Debemos estudiar la teología sistemática recogiendo y comprendiendo todos los pasajes de la Biblia pertinentes a cualquier tema. Mencioné esto en nuestra definición de teología sistemática al principio de este capítulo, pero aquí hay que describir el proceso en sí. ¿Cómo realizar uno un sumario doctrinal de lo que todos los pasajes de la Biblia enseñan sobre cierto tema? En relación con los temas que se cubren en este libro, muchos pensarán que estudiar los capítulos de este libro y leer los versículos bíblicos anotados en los capítulos basta. Pero algunos querrán estudiar más la Biblia sobre algún tema particular o estudiar algún nuevo tema no cubierto aquí. ¿Cómo puede un estudiante usar la Biblia para investigar lo que enseñan sobre algún tema nuevo, tal vez uno que no se ha discutido explícitamente en ninguno de sus textos de teología sistemática?

---

inglés ordinario que solo aumenta el caudal de términos técnicos que los cristianos tienen que aprender a fin de entender a los teólogos, y todavía más tal sentido no lo respalda ninguno de los diccionarios citados arriba, todos los cuales definen *antinomia* en el sentido «contradicción» (por ej., *Oxford English Dictionary*, 1:371). El problema no es serio, pero ayudaría a la comunicación si los evangélicos pudieran convenir en un sentido uniforme para estos términos.

Una paradoja por cierto es aceptable en la teología sistemática, y las paradojas son hechos inevitables siempre que tengamos una comprensión definitiva de algún tema teológico. Sin embargo, es importante reconocer que la teología cristiana nunca debe afirmar una «contradicción» (un conjunto de dos afirmaciones, una de las cuales niega a la otra). Una contradicción sería: «Dios es tres personas y Dios no es tres personas» (en donde el término *personas* tiene el mismo sentido en ambas mitades de la oración).

El proceso sería así: (1) Buscar todos los versículos relevantes. La mejor ayuda en este paso es una buena concordancia que le permita a uno buscar palabras clave y hallar los versículos en que se trata el tema. Por ejemplo, al estudiar lo que significa que el hombre fue creado a imagen y semejanza de Dios, uno necesita buscar todos los versículos en los cuales aparece «imagen», «semejanza» y «crear». (Las palabras «hombre» y «Dios» aparecen con demasiada frecuencia para que sean útiles para una búsqueda en la concordancia). Al estudiar la doctrina de la oración se podrían buscar muchas palabras (*oración, orar, interceder, petición, súplica, confesar, confesión, alabanza, dar gracias, acción de gracias*, et al); y tal vez la lista de versículos sería demasiado larga para ser manejable, así que el estudiante tendría que revisar ligeramente la concordancia sin buscar los versículos, o la búsqueda se podría probablemente dividir en secciones, o limitarse de alguna otra manera. También se puede hallar versículos al pensar en la historia global de la Biblia y buscando las secciones donde pueda haber información sobre el tema a mano; por ejemplo, el que quiere estudiar sobre la oración tal vez querrá leer pasajes como la oración de Ana por un hijo (en 1 S 1), la oración de Salomón en la dedicación del templo (en 1 R 8), la oración de Jesús en el huerto de Getsemaní (en Mt 26 y paralelos), y así por el estilo. Luego, además del trabajo en la concordancia y de leer otros pasajes que uno pueda hallar sobre el tema, revisar las secciones relevantes en algunos libros de teología sistemática a menudo trae a la luz otros versículos que uno puede haber pasado por alto, a veces porque en estos versículos no se usa ninguna de las palabras que se usaron para la búsqueda en la concordancia[9].

(2) El segundo paso es leer, tomar notas y tratar de hacer un sumario de los puntos que hacen los versículos relevantes. A veces un tema se repetirá a menudo y el sumario de varios versículos será relativamente fácil de hacer. En otras ocasiones habrá versículos difíciles de entender, y el estudiante necesitará dedicar tiempo para estudiar un versículo profundamente (solo leyendo el versículo en su contexto vez tras vez, o usando herramientas especializadas como comentarios y diccionarios) hasta que se logre una comprensión satisfactoria. (3) Finalmente, las enseñanzas de los varios versículos se deben resumir en uno o más puntos que la Biblia afirma en cuanto a ese tema. El sumario no tiene que tener la forma exacta de la conclusión de otros sobre el tema, porque bien podemos ver en la Biblia cosas que otros no han visto, o tal vez organizamos el tema en forma diferente, o enfatizamos cosas diferentes.

Por otro lado, en este punto es también útil leer secciones relacionadas, si se puede hallar alguna, en varios libros de teología sistemática. Esto provee una verificación útil contra errores o detalles que se hayan pasado por alto, y a menudo hace que uno se percate de perspectivas y argumentos alternos que pueden hacernos modificar o fortificar nuestra posición. Si el estudiante halla que otros han argumentado a favor de conclusiones fuertemente divergentes, entonces hay que indicar correctamente esas otras perspectivas y luego contestarlas. A veces otros libros de teología nos alertarán acerca de

---

[9] He leído una cantidad de ensayos de estudiantes que dicen que el Evangelio de Juan no dice nada en cuanto a cómo los creyentes deben orar, por ejemplo, porque al examinar una concordancia hallaron que la palabra *oración* no aparece en Juan, y la palabra *orar* solo aparece cuatro veces en referencia a Jesús orando en Juan 14, 16:17. Pasaron por alto el hecho de que Juan contiene varios versículos importantes en donde se usa la palabra *pedir* en lugar de la palabra *orar* (Jn 14:13-14; 15:07, 16; et. al).

CAPÍTULO 1 · INTRODUCCIÓN A LA TEOLOGÍA SISTEMÁTICA

consideraciones históricas o filosóficas que han surgido antes en la historia de la iglesia, y estas proveerán nociones adicionales o advertencias contra el error.

El proceso bosquejado arriba es posible para cualquier cristiano que pueda leer su Biblia y buscar las palabras en una concordancia. Por supuesto, las personas serán cada vez más ágiles y más precisas en este proceso con el tiempo, y con la experiencia y la madurez cristiana, pero será una tremenda ayuda para la iglesia si los creyentes generalmente dedicaran mucho más tiempo a investigar los temas de la Biblia por sí mismos y derivar conclusiones según el proceso indicado arriba. El gozo de descubrir temas bíblicos será ricamente recompensador. Especialmente los pastores y los que dirigen estudios bíblicos hallarán frescor adicional en su comprensión de la Biblia y en su enseñanza.

6. Debemos estudiar teología sistemática con alegría y alabanza. El estudio de teología no es meramente un ejercicio teórico intelectual. Es un estudio del Dios viviente, y de las maravillas de sus obras en la creación y en la redención. ¡No podemos estudiar este tema desapasionadamente! Debemos amar todo lo que Dios es, todo lo que él dice, y todo lo que él hace. «Ama al Señor tu Dios con todo tu corazón» (Dt 6:5). Nuestra respuesta al estudio de la teología de la Biblia debe ser la del salmista que dijo: «¡Cuán preciosos, oh Dios, me son tus pensamientos!» (Sal 139:17). En el estudio de las enseñanzas de la Palabra de Dios no debe sorprendernos si a menudo hallamos nuestros corazones irrumpiendo espontáneamente en expresiones de alabanza y deleite como las del salmista:

> Los preceptos del Señor son rectos: traen alegría al corazón. (Sal 19:8)
> Me regocijo en el camino de tus estatutos más que en todas las riquezas. (Sal 119:14)
> ¡Cuán dulces son a mi paladar tus palabras! ¡Son más dulces que la miel a mi boca! (Sal 119:103)
> Tus estatutos son mi herencia permanente; son el regocijo de mi corazón (Sal 119:111).
> Yo me regocijo en tu promesa como quien halla un gran botín (Sal 119:162).

A menudo en el estudio de teología la respuesta del cristiano será similar a la de Pablo al reflexionar sobre el prolongado argumento teológico que acababa de completar al final de Romanos 11:32. Irrumpe en alabanza gozosa por las riquezas de la doctrina que Dios le ha permitido expresar:

> ¡Qué profundas son las riquezas de la sabiduría y del conocimiento de Dios!
> ¡Qué indescifrables sus juicios e impenetrables sus caminos!
>
> «¿Quién ha conocido la mente del Señor,
> o quién ha sido su consejero?».
> «¿Quién le ha dado primero a Dios,
> para que luego Dios le pague?».
>
> Porque todas las cosas proceden de él, y existen por él y para él. A él sea la gloria por siempre! Amén. (Ro 11:33-36)

PREGUNTAS DE APLICACIÓN PERSONAL

Estas preguntas al final de cada capítulo enfocan la aplicación a la vida. Debido a que pienso que la doctrina se debe sentir a nivel emocional tanto como entenderse a nivel intelectual, en muchos capítulos he incluido algunas preguntas en cuanto a cómo el lector *se siente* respecto a un punto de doctrina. Pienso que estas preguntas demostrarán ser muy valiosas para los que dedican tiempo para reflexionar en ellas.

1. ¿De qué maneras (si acaso alguna) ha cambiado este capítulo su comprensión de lo que es teología sistemática? ¿Cuál era su actitud hacia el estudio de la teología sistemática antes de leer este capítulo? ¿Cuál es su actitud ahora?

2. ¿Qué es lo más probable que suceda en una iglesia o denominación que abandone el aprendizaje de teología sistemática por una generación o más? ¿Ha sido esto cierto en su iglesia?

3. ¿Hay alguna doctrina de las incluidas en la tabla de contenido cuya comprensión más amplia le ayudaría a resolver una dificultad personal en su vida al momento presente? ¿Cuáles son los peligros espirituales y emocionales que usted personalmente debe tener presente al estudiar teología sistemática?

4. Ore pidiéndole a Dios que haga de este estudio de doctrinas cristianas básicas un tiempo de crecimiento espiritual y más íntima comunión con él, y un tiempo en el que usted entienda y aplique correctamente las enseñanzas de la Biblia.

TÉRMINOS ESPECIALES

apologética
contradicción
doctrina
doctrina menor
doctrina principal
ética cristiana
paradoja
presuposición

teología bíblica
teología del Nuevo Testamento
teología del Antiguo Testamento
teología dogmática
teología histórica
teología filosófica teología sistemática

BIBLIOGRAFÍA

Baker, D. L. «Biblical Theology». En *NDT* p. 671.

Berkhof, Louis. *Introduction to Systematic Theology*. Eerdmans, Grand Rapids, 1982, pp. 15–75 (publicado primero en 1932).

Bray, Gerald L., ed. *Contours of Christian Theology*. Intervarsity Press, owners Grove, IL, 1993.

_____. «Systematic Theology, History of». En NDT pp. 671–72.

Cameron, Nigel M., ed. *The Challenge of Evangelical Theology: Essays in Approach and Method*. Rutherford House, Edinburgh, 1987.

Carson, D. A. «Unity and Diversity in the New Testament: The Possibility of Systematic Theology». En *Scripture and Truth*. Ed. por D. A. Carson y John Woodbridge. Zondervan, Grand Rapids, 1983, pp. 65–95.

Davis, John Jefferson. *Foundations of Evangelical Theology*. Baker, Grand Rapids, 1984.

_____. *The Necessity of Systematic Theology*. Baker, Grand Rapids, 1980.

_____. *Theology Primer: Resources for the Theological Student*. Baker, Grand Rapids, 1981.

Demarest, Bruce. "Systematic Theology." En *EDT* pp. 1064–66.

Erickson, Millard. *Concise Dictionary of Christian Theology*. Baker, Grand Rapids, 1986.

Frame, John. *Van Til the Theologian*. Pilgrim, Phillipsburg, NJ, 1976.

Geehan, E.R., ed. *Jerusalem and Athens*. Craig Press, Nutley, NJ, 1971.

Grenz, Stanley J. *Revisioning Evangelical Theology: A Fresh Agenda for the 21st Century*. InterVarsity Press, Downers Grove, IL, 1993.

House, H. Wayne. *Charts of Christian Theology and Doctrine*. Zondervan, Grand Rapids, 1992.

Kuyper, Abraham. *Principles of Sacred Theology*. Trad. por J. H. DeVries. Eerdmans, Grand Rapids, 1968 (reimpresión; primero publicada como Encyclopedia of Sacred Theology en 1898).

Machen, J. Gresham. *Christianity and Liberalism*. Eerdmans, Grand Rapids, 1923. (Este libro de 180 páginas es, en mi opinión, uno de los estudios teológicos más significatvos jamás escritos. Da un claro vistazo general de las principales doctrinas bíblicas y en cada punto muestra las diferencias vitales con la teología protestante liberal, diferencias que todavía nos confrontan hoy. Es lectura que exijo en todas mis clases de introducción a la teología).

Morrow, T. W. «Systematic Theology». En *NDT* p. 671.

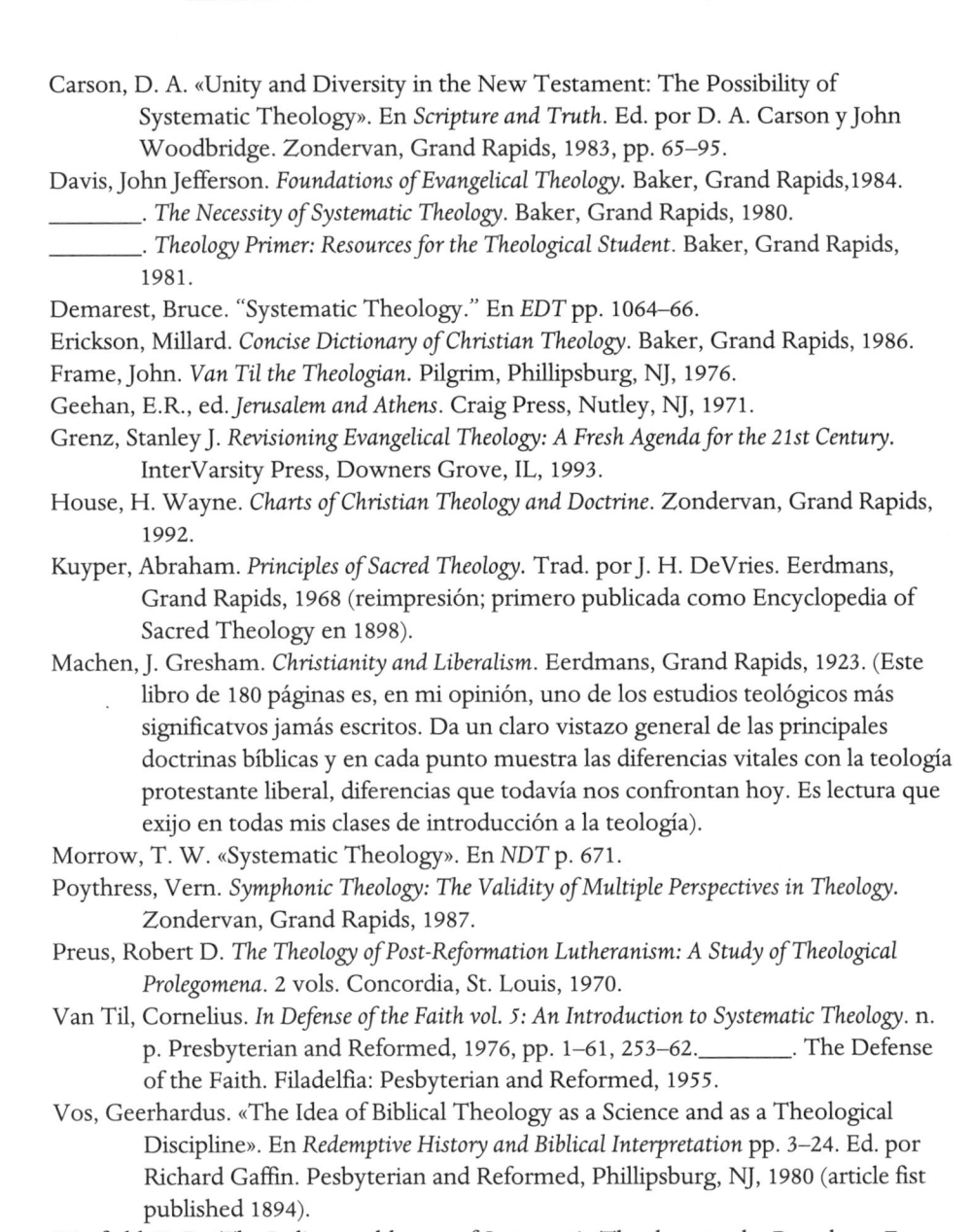

Poythress, Vern. *Symphonic Theology: The Validity of Multiple Perspectives in Theology*. Zondervan, Grand Rapids, 1987.

Preus, Robert D. *The Theology of Post-Reformation Lutheranism: A Study of Theological Prolegomena*. 2 vols. Concordia, St. Louis, 1970.

Van Til, Cornelius. *In Defense of the Faith vol. 5: An Introduction to Systematic Theology*. n. p. Presbyterian and Reformed, 1976, pp. 1–61, 253–62._____. *The Defense of the Faith*. Filadelfia: Pesbyterian and Reformed, 1955.

Vos, Geerhardus. «The Idea of Biblical Theology as a Science and as a Theological Discipline». En *Redemptive History and Biblical Interpretation* pp. 3–24. Ed. por Richard Gaffin. Pesbyterian and Reformed, Phillipsburg, NJ, 1980 (article fist published 1894).

Warfield, B. B. «The Indispensableness of Systematic Theology to the Preacher». En *Selected Shorter Writings of Benjamin B. Warfield* 2:280-88. Ed. by John E. Meeter. Presbyterian and Reformed, Nutley, NJ, 1973 (publicado primero en 1897).

_____. «The Right of Systematic Theology». En *Selected Shorter Writings of Benjamin B. Warfield* 2:21-279. Ed. por John E. Meeter. Presbyterian and Reformed, Nutley, NJ, 1973 (artículo publicado primero en 1896).

Wells, David. *No Place for Truth, or, Whatever Happened to Evangelical Theology?* Eerdmans, Grand Rapids, 1993.

PASAJE BÍBLICO PARA MEMORIZAR

Los estudiantes repetidamente han mencionado que una de las partes más valiosas de cualquiera de sus cursos en la universidad o seminario ha sido los pasajes bíblicos que se les exigió memorizar. «En mi corazón atesoro tus dichos para no pecar contra ti» (Sal 119:11). En cada capítulo, por consiguiente, he incluido un pasaje apropiado para memorizar de modo que los instructores puedan incorporar la memorización de la Biblia dentro de los requisitos del curso siempre que sea posible. (Los pasajes bíblicos para memorizar que se indican al final de cada capítulo se toman de la NVI.)

Mateo 28:18-20: *Jesús se acercó entonces a ellos y les dijo: Se me ha dado toda autoridad en el cielo y en la tierra. Por tanto, vayan y hagan discípulos de todas las naciones, bautizándolos en el nombre del Padre y del Hijo y del Espíritu Santo, enseñándoles a obedecer todo lo que les he mandado a ustedes. Y les aseguro que estaré con ustedes siempre, hasta el fin del mundo.*

HIMNO

La buena teología sistemática nos lleva a alabar. Es correcto por tanto que al final de cada capítulo se incluya un himno relacionado con el tema del capítulo. En un aula, el himno debe cantarse al principio y al final de la clase. Por otro lado, el lector individual puede cantarlo en privado o simplemente meditar en silencio en las palabras. A menos que se señale lo contrario, las palabras de estos himnos son ya de dominio público y no están sujetas a restricciones de derechos de autor. Desde luego, se pueden escribir para proyectarlas o fotocopiarlas.

¿Por qué he usado tantos himnos? Aunque me gustan muchos de los más recientes cánticos de adoración y alabanza que tanto se cantan hoy, cuando comencé a seleccionar himnos que correspondieran a las grandes doctrinas de la fe cristiana, me di cuenta que los grandes himnos de la iglesia de siempre tienen una riqueza y amplitud que todavía no tiene igual. No sé de muchos cánticos de adoración modernos que abarquen los temas de los capítulos de este libro de una manera amplia. Quizá lo que digo sirva de exhortación a los compositores modernos a estudiar estos capítulos y después escribir canciones que reflejen las enseñanzas de la Biblia en los respectivos temas.

Para este capítulo, sin embargo, no hallé himno antiguo ni moderno que diera gracias a Dios por el privilegio de estudiar teología sistemática a partir de las páginas de la Biblia. Por tanto, he seleccionado un himno de alabanza general, que es siempre apropiado.

CAPÍTULO 1 · INTRODUCCIÓN A LA TEOLOGÍA SISTEMÁTICA

HIMNO

«¡Oh, que tuviera lenguas mil!»

Este himno de Carlos Wesley (1707-88) empieza deseando tener «mil lenguas» para cantarle alabanzas a Dios. La segunda estrofa es una oración pidiendo que Dios le «ayude» a proclamar su alabanza por toda la tierra.

¡Oh, que tuviera lenguas mil
Del Redentor cantar
La gloria de mi Dios y Rey,
Los triunfos de su amor!

Bendito mi Señor y Dios,
Te quiero proclamar;
Decir al mundo en derredor
Tu nombre sin igual.

Dulce es tu nombre para mí,
Pues quita mi temor;
En él halla salud y paz
El pobre pecador.
Rompe cadenas del pecar;
Al preso librará;
Su sangre limpia al ser más vil,
¡Gloria a Dios, soy limpio ya!

AUTOR: CARLOS WESLEY, TRAD. ROBERTO H. DALKE
(TOMADO DE HIMNOS DE FE Y ALABANZA, #25)

Capítulo 2

LA PALABRA DE DIOS

¿Cuáles son las diferentes formas de la Palabra de Dios?

EXPLICACIÓN Y BASE BÍBLICA

¿Qué se quiere decir con la frase «la Palabra de Dios»? En realidad, hay diferentes significados que esa frase toma en la Biblia. Es útil distinguir estos diferentes sentidos desde el principio de este estudio.

A. «El Verbo de Dios» como Persona: Jesucristo

A veces la Biblia se refiere al Hijo de Dios como «el Verbo de Dios». En Apocalipsis 19:13 Juan ve al Señor Jesús resucitado en el cielo y dice: «y su nombre es "el Verbo de Dios"». De modo similar, al principio del Evangelio de Juan leemos: «En el principio ya existía el Verbo, y el Verbo estaba con Dios, y el Verbo era Dios» (Jn 1:1). Es claro que Juan aquí está hablando del Hijo de Dios, porque en el versículo 14 dice: «Y el Verbo se hizo hombre y habitó entre nosotros. Y hemos contemplado su gloria, la gloria que corresponde al Hijo unigénito del Padre». Estos versículos (y tal vez 1 Jn 1:1) son los únicos casos en que la Biblia se refiere al Hijo de Dios como «el Verbo» o «el Verbo de Dios», así que este uso no es común. Pero sí indica que entre los miembros de la Trinidad es especialmente Dios Hijo quien tiene, tanto en su persona como en sus palabras, el papel de comunicarnos el carácter de Dios y expresarnos la voluntad de Dios.

B. «La Palabra de Dios» como discurso de Dios

1. Decretos de Dios. A veces las palabras de Dios toman forma de poderosos decretos que hacen que sucedan eventos o incluso hacen que las cosas lleguen a existir. «Y dijo Dios: "¡Qué exista la luz!" Y la luz llegó a existir» (Gn 1:3). Dios incluso creó el mundo animal mediante su poderosa palabra: «Y dijo Dios: "¡Que produzca la tierra seres vivientes: animales domésticos, animales salvajes, y reptiles, según su especie!"» (Gn 1:24). Así, el salmista puede decir: «*Por la palabra del Señor* fueron creados los cielos, y por el soplo de su boca, las estrellas» (Sal 33:6).

A estas palabras poderosas y creativas de Dios a menudo se les llama los decretos de Dios. Un *decreto* de Dios es una palabra de él que hace que algo suceda. Estos decretos de Dios incluyen no solo los eventos de la creación original sino también la existencia continuada de las cosas, porque Hebreos 1:3 nos dice que Cristo continuamente es «el que sostiene todas las cosas con su palabra poderosa».

2. Palabras de Dios en comunicación personal. A veces Dios se comunica con las personas en la tierra hablándoles directamente. A estas se les puede llamar palabras de Dios en *comunicación personal*. Se hallan ejemplos en toda la Biblia. Al mismo inicio de la creación Dios habla con Adán: «Y le dio este mandato: "Puedes comer de todos los árboles del jardín, pero del árbol del conocimiento del bien y del mal no deberás comer. El día que de él comas, ciertamente morirás"» (Gn 2:16-17). Después del pecado de Adán y Eva, Dios todavía viene y habla directa y personalmente con ellos en las palabras de la maldición (Gn 3:16-19). Otro ejemplo prominente de la comunicación directa personal de Dios con las personas en la tierra se halla en el otorgamiento de los Diez Mandamientos: *Dios habló,* y dio a conocer todos estos mandamientos: «Yo soy el Señor tu Dios. Yo te saqué de Egipto, del país donde eras esclavo. No tengas otros dioses además de mí….» (Éx 20:1-3). En el Nuevo Testamento, en el bautismo de Jesús, Dios Padre habló con una voz del cielo, diciendo: «Éste es mi Hijo amado; estoy muy complacido con él» (Mt 3:17).

En estas y otras ocasiones en donde Dios pronunció palabras en una comunicación personal fue claro para los que las oyeron que eran de veras palabras de Dios: estaban oyendo la misma voz de Dios, y por consiguiente estaban oyendo palabras que tenían autoridad divina y eran absolutamente dignas de confianza. No creer o desobedecer alguna de esas palabras habría sido no creer o desobedecer a Dios, y por consiguiente habría sido pecado.

Aunque las palabras de Dios en su comunicación personal siempre se ven en la Biblia como palabras reales de él, *también son palabras «humanas»* porque son pronunciadas en un lenguaje humano ordinario que es entendible de inmediato. El hecho de que estas palabras se digan en lenguaje humano no limita su carácter o autoridad divinos de ninguna manera; siguen siendo enteramente las palabras de Dios, dichas por la voz de Dios mismo.

Algunos teólogos han aducido que puesto que el lenguaje humano siempre es en cierto sentido «imperfecto», cualquier mensaje que Dios nos dirige en lenguaje humano también debe ser limitado en su autoridad o veracidad. Pero estos pasajes y muchos otros que registran casos de palabras de Dios en comunicación personal a individuos no dan indicación de ninguna limitación de autoridad o veracidad de las palabras de Dios porque fueran dichas en lenguaje humano. La verdad es todo lo contrario, porque las palabras siempre ponen una obligación absoluta sobre los oyentes para creerlas y obedecerlas completamente. No creer o desobedecer alguna parte de ellas es no creer o desobedecer a Dios mismo.

3. Palabras de Dios como discurso pronunciadas por labios humanos. Frecuentemente en la Biblia Dios levanta profetas por medio de los cuales habla. De nuevo, es evidente que aunque son palabras humanas, dichas en lenguaje humano ordinario por seres humanos ordinarios, la autoridad y veracidad de dichas palabras de ninguna manera queda disminuida; siguen siendo también palabras de Dios.

En Deuteronomio 18 Dios le dijo a Moisés:

> Por eso levantaré entre sus hermanos un profeta como tú; *pondré mis palabras en su boca,* y él les dirá todo lo que yo le mande. Si alguien no presta oído a las palabras que el profeta proclame en mi nombre, yo mismo le pediré cuentas. Pero el profeta que se atreva a hablar en mi nombre y diga algo que yo no le haya mandado decir, morirá. La misma suerte correrá el profeta que hable en nombre de otros dioses. (Dt 18:18-20)

Dios hizo una afirmación similar a Jeremías: «*He puesto en tu boca mis palabras*» (Jer 1:9). Dios le dice a Jeremías: «Vas a decir todo lo que yo te ordene» (Jer 1:7; véase también Éx 4:12; Nm 22:38; 1 S 15:3, 18, 23; 1 R 20:36; 2 Cr 20:20; 25:15-16; Is 30:12-14; Jer 6:10-12; 36:29-31; et al.). A cualquiera que aducía hablar por el Señor pero no había recibido un mensaje de él se le castigaba severamente (Ez 13:1-7; Dt 18:20-22).

Así que las palabras de Dios habladas por labios humanos se consideraban tan autoritativas y tan verdaderas como las palabras de Dios en su comunicación personal. No había disminución de autoridad de estas palabras cuando eran dichas mediante labios humanos. No creer o desobedecer alguna de ellas era no creer o desobedecer a Dios mismo.

4. Palabras de Dios en forma escrita (la Biblia). Además de las palabras de Dios de decreto, palabras de Dios en comunicación personal y palabras de Dios dichas por labios de seres humanos, también encontramos en las Escrituras varios casos en los que las palabras de Dios fueron puestas en *forma escrita*. El primer caso de esto se halla en la narración del otorgamiento de las dos tablas de piedra en las que estaban escritos los Diez Mandamientos: «Y cuando terminó de hablar con Moisés en el monte Sinaí, le dio las dos tablas de la ley, que eran dos lajas *escritas por el dedo mismo de Dios*» (Éx 31:18). «Tanto las tablas como *la escritura grabada en ellas eran obra de Dios*» (Éx 32:16; 34:1, 28).

Moisés escribió además:

> *Moisés escribió esta ley* y se la entregó a los sacerdotes levitas que transportaban el arca del pacto del Señor, y a todos los ancianos de Israel. Luego les ordenó: «Cada siete años, en el año de la cancelación de deudas, durante la fiesta de las Enramadas, cuando tú, Israel, te presentes ante el Señor tu Dios en el lugar que él habrá de elegir, leerás en voz alta esta ley en presencia de todo Israel. Reunirás a todos los hombres, mujeres y niños de tu pueblo, y a los extranjeros que vivan en tus ciudades, para que escuchen y aprendan a temer al Señor tu Dios». (Dt 31:9-13)

Este libro que Moisés escribió fue luego depositado junto al arca del pacto: «Moisés terminó de *escribir en un libro todas las palabras de esta ley.* Luego dio esta orden a los levitas que transportaban el arca del pacto del Señor: "Tomen este libro de la ley, y pónganlo junto al arca del pacto del Señor su Dios. Allí permanecerá como testigo contra ustedes los israelitas"» (Dt 31:24-26).

Más adelante se hicieron otras adiciones a este libro de las palabras de Dios. Josué «los registró en el libro de la ley de Dios» (Jos 24:26). Dios le ordenó a Isaías: «Anda, pues, delante de ellos, y *grábalo en una tablilla. Escríbelo en un rollo de cuero,* para que en los días venideros quede como un testimonio eterno» (Is 30:8). De nuevo, Dios le dijo a Jeremías: «*Escribe en un libro* todas las palabras que te he dicho» (Jer 30:2; cf. Jer 36:2-4, 27-31; 51:60). En el Nuevo Testamento, Jesús les promete a sus discípulos que el Espíritu Santo les hará recordar las palabras que él, Jesús, había dicho (Jn 14:26; cf. 16:12-13). Pablo puede decir que las mismas palabras que escribe a los Corintios «es mandato del Señor» (1 Co 14:37; cf. 2 P 3:2).

Claramente se debe notar que estas palabras se consideran palabras del mismo Dios, aunque son escritas en su mayoría por seres humanos y siempre en lenguaje humano. Con todo, son absolutamente autoritativas y absolutamente veraces; desobedecerlas o no creerlas es un pecado serio y acarrea castigo de Dios (1 Co 14:37; Jer 36:29-31).

Varios beneficios resultan de poner por escrito las palabras de Dios. Primero, hay una *preservación mucho más precisa* de las palabras de Dios para generaciones subsiguientes. Depender de la memoria y la repetición de la tradición oral es un método menos confiable para preservar las palabras a través de la historia que el de ponerlas por escrito (cf. Dt 31:12-13). Segundo, la *oportunidad de inspeccionar repetidamente* las palabras que constan por escrito permite el estudio y debate cuidadoso, lo que conduce a una mejor comprensión y una obediencia más completa. Tercero, las palabras de Dios por escrito *están accesibles a muchas más personas* que cuando se preservan meramente mediante la memoria y repetición oral. Cualquier persona puede inspeccionarlas en cualquier momento y no están limitadas solo a los que las han memorizado o los que pueden estar presentes cuando se repiten oralmente. De este modo, la confiabilidad, permanencia y accesibilidad de la forma en que se preservan las palabras de Dios se mejoran grandemente cuando se ponen por escrito. Sin embargo, no hay ninguna indicación de que se disminuya su autoridad o veracidad.

C. El enfoque de nuestro estudio

De todas las formas de la palabra de Dios[1], el enfoque de nuestro estudio en la teología sistemática es la Palabra de Dios en forma escrita, es decir, la Biblia. Esta es la forma de la Palabra de Dios que está disponible para estudio, para inspección pública, para examen repetido y como base de diálogo mutuo. Nos habla acerca del Verbo de Dios y nos lo señala como persona, es decir Jesucristo, a quien no tenemos al presente en forma corporal en la tierra. Por eso ya no podemos observar de primera mano e imitar su vida y enseñanzas.

---

[1]Además de las formas de la palabra de Dios mencionadas antes, Dios se comunica con las personas por diferentes tipos de «revelación general»; es decir, revelación que la da no solo a ciertas personas sino a todas las personas. La revelación general incluye tanto la revelación de Dios que viene mediante la naturaleza (vea Sal 19:1-6; Hch 14:17) y la revelación de Dios que viene mediante el sentido interno de bien y mal en el corazón de la persona (Ro 2:15). Estas clases de revelaciones son en forma no verbal, y no de las que he incluido en la lista de las varias formas de la palabra de Dios consideradas en este capítulo. (Vea en el capítulo 7 más consideraciones acerca de la revelación general.)

Las otras formas de la palabra de Dios no son apropiadas como base primaria para el estudio de teología. Nosotros no oímos palabras de Dios de decreto, y por consiguiente no podemos estudiarlas directamente sino solo mediante observación de sus efectos. Las palabras de Dios como comunicación personal son raras, incluso en la Biblia. Es más, incluso aunque oyéramos algunas palabras de comunicación personal de Dios nosotros mismos hoy, no tendríamos certeza de que nuestra comprensión de ellas, nuestra memoria de ellas, y nuestro subsiguiente informe de ellas fuera totalmente exacto. Tampoco podríamos fácilmente comunicar a otros la certeza de que la comunicación fue de Dios, incluso si lo fuera. Las palabras de Dios dichas por labios humanos cesaron de recibirse cuando el canon del Nuevo Testamento quedó completo.[2] Así que estas otras formas de las palabras de Dios son inadecuadas como base primaria para el estudio de teología.

Es más provechoso para nosotros estudiar las palabras de Dios como están escritas en la Biblia. Es la palabra de Dios escrita la que él nos ordena estudiar. Es «dichoso» el que «medita» en la ley de Dios «día y noche» (Sal 1:1-2). Las palabras de Dios también son aplicables a nosotros: «Recita siempre el libro de la ley y *medita en él de día y de noche*; cumple con cuidado todo lo que en él está escrito. Así prosperarás y tendrás éxito» (Jos 1:8). Es la palabra de Dios en forma de Escrituras, que es «inspirada por Dios y útil para enseñar, para reprender, para corregir y para instruir en la justicia» (2 Ti 3:16).

PREGUNTAS PARA APLICACIÓN PERSONAL

1. ¿Piensa usted que prestaría más atención si Dios le hablara desde el cielo o por medio de la voz de un profeta vivo que si le hablara mediante las palabras escritas de la Biblia? ¿Creería usted u obedecería tales palabras más prontamente que a la Biblia? ¿Piensa usted que su nivel presente de respuesta a las palabras escritas de la Biblia es apropiado? ¿Qué pasos positivos puede dar para hacer que su actitud hacia la Biblia sea más cercana a la actitud que Dios quiere que usted tenga?

2. Cuando piensa en las muchas maneras en que Dios habla y la frecuencia con que él se comunica con sus criaturas por estos medios, ¿qué conclusiones puede derivar respecto a la naturaleza de Dios y las cosas que le deleitan?

TÉRMINOS ESPECIALES

decreto   comunicación personal
Palabra de Dios

BIBLIOGRAFÍA

Kline, Meredith. *The Structure of Biblical Authority*. Eerdmans, Grand Rapids, 1972.
Kuyper, Abraham. *Principles of Sacred Theology*. Trad. por J. H. de Vries. Eerdmans, Grand Rapids, 1968, pp. 405–12 (originalmente publicada como *Encyclopedia of Sacred Theology* en 1898).

---

[2] Vea el capítulo 3 acerca del canon de la Biblia

McDonald, H. D. *Theories of Revelation: An Historical Study, 1860-1960.* Baker, Grand Rapids, 1979.

_____. «Word, Word of God, Word of the Lord». En *EDT* pp. 1185-88.6

Packer, J. I. «Scripture». En *NDT* pp. 585-87.

Pinnock, C. H. «Revelation». En *NDT* pp. 585-87.

Vos, Geerhardus. *Biblical Theology: Old and New Testaments.* Eerdmans, Grand Rapids, 1948, pp. 28-55; 321-27.

PASAJE BÍBLICO PARA MEMORIZAR

Sal 1:1-2: *Dichoso el hombre que no sigue el consejo de los malvados, ni se detiene en la senda de los pecadores ni cultiva la amistad de los blasfemos, sino que en la ley del Señor se deleita, y día y noche medita en ella.*

HIMNO

«Dame de vida el pan»

Este himno es una oración que pide al Señor que nos dé, no el pan físico, sino la alimentación espiritual del «pan de vida», metáfora que se refiere a la Palabra de Dios escrita («tu Libro», v. 4) y a Cristo mismo, el «Verbo de Dios» (v. 1).

Dame, mi buen Señor, de vida el pan,
como lo hiciste un día junto al mar;
Mi alma te busca a ti, Verbo de Dios,
y en tu palabra espero oír tu voz.

«El pan de vida soy», dice el Señor;
Ven, alma hambrienta hoy al Salvador.
«Hambre jamás tendrá quien viene a mí;
sed nunca más tendrá quien cree en mí».

Bendice, oh Salvador, hoy tu verdad,
cual bendijiste ayer el fresco pan;
En ella nos darás la libertad,
en el día encuentro gozo y solaz.
Con tu Espíritu toca mi ser,
y abre mis ojos tu verdad a ver.

Muestra tu voluntad; dame tu luz;
quiero en tu Libro verte a ti, Jesús.

AUTOR: ESTR. 1 Y 3 MARY A. LATHBURY, 1877,
TRAD. FEDERICO J. PAGURA. # 2 Y 4 A GROVES, 1913, ES. TRAD.,
TRAD. ESTR. # 1 Y 3 © EDICIONES LA AURORA.
USADO CON PERMISO (TOMADO DE CELEBREMOS SU GLORIA, #274)

Capítulo 3

EL CANON DE LAS ESCRITURAS

¿Qué pertenece a la Biblia y qué no pertenece a ella?

EXPLICACIÓN Y BASE BÍBLICA

El capítulo previo se concluyó diciendo que centraremos nuestra atención especialmente en las palabras de Dios escritas en la Biblia. Antes de hacerlo, sin embargo, debemos saber cuáles escritos pertenecen a la Biblia y cuáles no. Esto se refiere al canon de la Biblia, que se puede definir como sigue: *El canon de la Biblia es la lista de todos los libros que pertenecen a la Biblia.*

No se debe subestimar la importancia de este asunto. Las palabras de las Escrituras son las palabras mediante las cuales nutrimos nuestra vida espiritual. Así que podemos reafirmar el comentario de Moisés al pueblo de Israel en referencia a las palabras de la ley de Dios: «Porque no son palabras vanas para ustedes, sino que *de ellas depende su vida; por ellas vivirán mucho tiempo en el territorio que van a poseer al otro lado del Jordán*» (Dt 32:47).

Añadir o sustraer de las palabras de Dios sería impedir que el pueblo de Dios le obedezca plenamente, porque los mandamientos que se sustrajeran no los conocería el pueblo, y las palabras que se añadieran tal vez exigirían del pueblo cosas adicionales que Dios no ha ordenado. Así Moisés lo advirtió al pueblo de Israel: «No *añadan ni quiten palabra alguna* a esto que yo les ordeno. Más bien, cumplan los mandamientos del Señor su Dios» (Dt 4:2).

La determinación precisa del alcance del canon de la Biblia es por consiguiente de suprema importancia. Para confiar y obedecer a Dios absolutamente debemos tener una colección de palabras de la que estemos seguros que son las propias palabras de Dios para nosotros. Si hubiera alguna sección de la Biblia respecto a la cual tendríamos duda de si son palabras de Dios o no, no consideraríamos que tengan autoridad divina absoluta y no confiaremos en ellas tanto como confiaremos en Dios mismo.

CAPÍTULO 3 · EL CANON DE LAS ESCRITURAS

A. El canon del Antiguo Testamento

¿Donde empezó la idea de un canon, es decir, la idea de que el pueblo de Israel debía preservar una colección de las palabras escritas de Dios? La misma Biblia da testimonio del desarrollo histórico del canon. La colección más temprana de palabras de Dios escritas fue los Diez Mandamientos. Los Diez Mandamientos, de este modo, forman el principio del canon bíblico. Dios mismo escribió en dos tablas de piedra las palabras que ordenó a su pueblo: «Y cuando terminó de hablar con Moisés en el monte Sinaí, le dio las dos tablas de la ley, que eran dos lajas *escritas por el dedo mismo de Dios*» (Éx 31:18). Después leemos: «Tanto las tablas como *la* escritura grabada en ellas eran obra de Dios» (Éx 32:16; cf. Dt 4:13; 10:4). Las tablas de la ley fueron depositadas en el arca del pacto (Dt 10:5) y constituían los términos del pacto entre Dios y el pueblo[1].

Esta colección de palabras absolutamente autoritativas de Dios creció en tamaño en todo el tiempo de la historia de Israel. Moisés mismo escribió palabras adicionales que se debían depositar junto al arca del pacto (Dt 31:24-26). La referencia inmediata es evidentemente al libro de Deuteronomio, pero otras referencias a escritos de Moisés indican que los primeros cuatro libros del Antiguo Testamento también los escribió él (vea Éx 17:14; 24:4; 34:27; Nm 33:2; Dt 31:22). Después de la muerte de Moisés, Josué también añadió a la colección de palabras de Dios escritas: «… y los registró en el libro de la ley de Dios» (Jos 24:26). Esto es especialmente sorprendente a la luz del mandamiento de no añadir ni quitar de las palabras que Dios le dio al pueblo por medio de Moisés: «No añadan ni quiten palabra alguna a esto que yo les ordeno» (Dt. 4:2; cf. 12:32). Para desobedecer un mandamiento tan específico Josué debe haber estado convencido de que no estaba arrogándose el derecho de añadir a las palabras escritas de Dios, sino que Dios mismo le había autorizado tales escritos adicionales.

Más tarde otros en Israel, por lo general los que ejercían el oficio de profeta, escribieron palabras adicionales de Dios:

> A continuación, Samuel le explicó al pueblo las leyes del reino y las escribió en un libro que depositó ante el Señor (1 S 10:25).

> Todos los hechos del rey David, desde el primero hasta el último […] están escritos en las crónicas del vidente Samuel, del profeta Natán y del vidente Gad. (1 Cr 29:29-30).

> Los demás acontecimientos del reinado de Josafat, desde el primero hasta el último, están escritos en las crónicas de Jehú hijo de Jananí, que forman parte del libro de los reyes de Israel (2 Cr 20:34; cf. 1 R 16:7 en donde a Jehú, hijo de Hanani, se le llama profeta).

> Los demás acontecimientos del reinado de Uzías, desde el primero hasta el último, los escribió el profeta Isaías hijo de Amoz (2 Cr 26:22).

---

[1] Vea Mederith Kilne, *The Structure of Biblical Authority* (Eerdmans, Grand Rapids, 1972), esp. pp. 48-53 y 113-130.

Los demás acontecimientos del reinado de Ezequías, incluyendo sus hazañas, están escritos en la visión del profeta Isaías hijo de Amoz y en el libro de los reyes de Judá e Israel (2 Cr 32:32).

«Así dice el Señor, el Dios de Israel: "Escribe en un libro todas las palabras que te he dicho (Jer 30:3)[2].

El contenido del canon del Antiguo Testamento continuó creciendo hasta el tiempo del fin del proceso de escribir. Si fechamos a Hageo en 520 a.C., Zacarías en el 520-518 a.C. (tal vez con más material añadido después de 480 a.C.), y Malaquías alrededor de 435 a.C., tenemos una idea de las fechas aproximadas de los últimos profetas del Antiguo Testamento. Aproximadamente coinciden con este período los últimos libros de la historia del Antiguo Testamento: Esdras, Nehemías y Ester. Esdras fue a Jerusalén en el 458 a.C., y Nehemías estuvo en Jerusalén de 445-423 a.C.[3] Ester fue escrito en algún momento después de la muerte de Jerjes I (=Asuero) en 465 a.C. y es probable una fecha durante el reinado de Artajerjes (464-423 a.C.). Así que aproximadamente después de 435 a.C. no hubo más adiciones al canon del Antiguo Testamento. La historia posterior del pueblo judío se anotó en otros escritos, tales como los libros de Macabeos, pero se pensó que esos escritos no ameritaban que se les incluyera con las colecciones de las palabras de Dios de años anteriores.

Cuando pasamos a la literatura judía fuera del Antiguo Testamento, vemos que la creencia de que las palabras debidamente autoritativas de Dios habían cesado queda atestiguada claramente en diferentes trozos de literatura judía extrabíblica. En 1 Macabeos (alrededor de 100 a.C.) el autor escribe del altar profanado: «Así pues, demolieron el altar y colocaron las piedras en la colina del templo, en lugar apropiado, hasta que viniera un profeta que les indicara lo que debían hacer con ellas» (1 Mac 4:45-46, VP). Al parecer sabían que nadie podía hablar con la autoridad de Dios como lo habían hecho los profetas del Antiguo Testamento. El recuerdo de un profeta autoritativo entre el pueblo era algo que pertenecía al pasado distante, porque el autor podía hablar de una gran aflicción «como no se había visto desde que desaparecieron los profetas» (1 Mac 9:27; cf. 14:41).

Josefo (nació c. 37 o 38 d.C.) explicó: «Desde Artajerjes hasta nuestros propios tiempos se ha escrito una historia completa, pero no se la ha considerado digna de igual crédito como los registros anteriores, debido a la interrupción de la sucesión exacta de los profetas» *(Contra Apio* 1.41). Esta afirmación de parte del más grande historiador judío del primer siglo d.C. muestra que sabía de los escritos ahora considerados parte de la «apócrifa», pero que él (y muchos de sus contemporáneos) consideraban estos otros escritos «no [...] dignos de igual crédito» que lo que ahora conocemos como Escrituras del Antiguo Testamento. Según el punto de vista de Josefo, no había «palabra de Dios» añadida a las Escrituras después de alrededor de 435 a.C.

La literatura rabínica refleja una convicción similar en su afirmación repetida de que el Espíritu Santo (en la función del Espíritu de inspirar la profecía) partió de Israel.

---

[2] Para ver otros pasajes que ilustran el crecimiento de la colección de las palabras de Dios escritas vea 2Cr 9:29; 12:15; 13:22; Is 30:8; Jer 29:1; 36:1-32; 45:1; 51:60; Ez 43:11; Dn 7:1; Hab 2:2. Las adiciones surgieron por lo general mediante la agencia de un profeta.

[3] Vea «Chronology of the Old Testament», en *IBD*, 1:277.

CAPÍTULO 3 · EL CANON DE LAS ESCRITURAS

«Después de que los últimos profetas Hageo, Zacarías y Malaquías murieron, el Espíritu Santo se separó de Israel, pero ellos todavía tenían a su disposición la *bat kol* (Talmud Babilónico Yomah 9b, repetido en Sota 48b, Sanedrín 11a y Midrash Rabbah en Cantar de Cantares 8.9.3)[4].

La comunidad de Qumrán (secta judía que dejó los Rollos del Mar Muerto) también esperaba un profeta cuyas palabras tendrían autoridad para invalidar cualquier regulación existente (vea 1 QS 9.11), y otras afirmaciones similares se hallan en otras partes en la antigua literatura judía (vea 2 Baruc 85:3 y Oración de Azarías 15). Así que el pueblo judío no aceptó en general escritos posteriores a 435 a.C. o alrededor de esta fecha como iguales en autoridad que el resto de las Escrituras.

En el Nuevo Testamento no tenemos ningún registro de disputa entre Jesús y los judíos sobre la extensión del canon. Evidentemente había pleno acuerdo entre Jesús y sus discípulos, por un lado, y los dirigentes judíos y el pueblo judío, por otro, en que las adiciones al canon del Antiguo Testamento habían cesado después del tiempo de Esdras, Nehemías, Ester, Hageo, Zacarías y Malaquías. Este hecho queda confirmado por las citas del Antiguo Testamento que hacen Jesús y los autores del Nuevo Testamento. Según un conteo, Jesús y los autores del Nuevo Testamento citan varias partes de las Escrituras del Antiguo Testamento como divinamente autoritativas más de 295 veces,[5] pero ni una sola vez citan como divinamente autoritativa alguna afirmación de los libros apócrifos ni de ningún otro escrito[6]. La ausencia de tales referencias a otra literatura como divinamente autoritativa, y la extremadamente frecuente referencia a cientos de lugares del Antiguo Testamento como divinamente autoritativos, dan fuerte confirmación al hecho de que los autores del Nuevo Testamento concordaban en que se tomaba el canon establecido del Antiguo Testamento, ni más ni menos, como las mismas palabras de Dios.

¿Qué diremos entonces en cuanto a la Apócrifa, la colección de libros incluida en el canon por la iglesia católico-romana pero excluida del canon por el protestantismo?[7] Los judíos nunca aceptaron estos libros como Escrituras, pero en toda la historia temprana de la iglesia hubo una opinión dividida en cuanto a si deberían ser parte de las Escrituras o no. Ciertamente, la evidencia cristiana más temprana va decididamente en contra de considerar a la Apócrifa como Escrituras, pero el uso de los apócrifos gradualmente aumentó en algunas partes de la iglesia hasta el tiempo de la Reforma[8]. El hecho de que Jerónimo

---

[4] Que «el Espíritu Santo» es primordialmente una referencia a la profecía divinamente autoritativa es muy claro por el hecho de que *bat kol* (una voz del cielo) se ve como sustituto, y por el mismo uso frecuente de «el Espíritu Santo» para referirse a la profecía en otras partes de la literatura rabínica.

[5] Vea Roger Nicole, «New Testament Use of the Old Testament», en *Revelation and the Bible,* ed. Carl F. H. Henry (Tyndale Press, Londres, 1959), pp. 137-141.

[6] Judas 14-15 en efecto cita 1 Enoc 60.8 y 1.9, y Pablo por lo menos dos veces cita autores griegos paganos (vea Hch 17:28; Tit 1:12), pero estas citas son hechas más con propósitos de ilustración que de prueba. Nunca se presenta esas obras con una frase como «Dios dice», o «Las Escrituras dicen», o «Está escrito», frases que implican la atribución de autoridad divina a las palabras que se citan. (Se debe notar que ni 1 Enoc ni los autores que Pablo cita son parte de la Apócrifa). El Nuevo Testamento no cita ningún libro de la Apócrifa.

[7] La Apócrifa incluye los siguientes escritos: 1 y 2 Esdras, Tobías, Judit, adiciones a Ester, Sabiduría de Salomón, Eclesiástico, Baruc (incluyendo la Epístola de Jeremías), El Cántico de los tres jóvenes santos, Susana, Bel y el dragón, la Oración de Manasés, y 1 y 2 Macabeos. Estos escritos no se hallan en la Biblia hebrea, pero se incluyeron en la Septuaginta (traducción del Antiguo Testamento al griego, que usaban muchos judíos que hablaban griego en el tiempo de Cristo). En inglés existe una buena traducción moderna, *The Oxford Annotated Apocrypha (RVS),* ed. Bruce M. Metzger (Nueva York: Oxford University Press, 1965). Metzger incluye breves introducciones y útiles anotaciones a los libros.

La palabra griega *apócrifa* quiere decir «cosas ocultas», pero Metzger nota (p. ix) que los eruditos no están seguros de por qué esta palabra se aplicó a estos escritos.

[8] Una encuesta detallada de los diferentes puntos de vista de los cristianos respecto a la Apócrifa se halla en F. F. Bruce, *The Canon of Scripture* (InterVarsity Press, Downers Grove, IL, 988), pp. 68-97. Un estudio incluso más detallado se halla en Roger Beckwith, *The Old Testament Canon of the New Testament Church and Its Background in Early Judaism* (SPCK, Londres, 1985, y Eerdmans, Grand Rapids, 1986), esp. pp. 338-433. El libro de

incluyó estos libros en la Vulgata latina (terminada en el 404 d.C.) dio respaldo a su inclusión, aunque el mismo Jerónimo dijo que no eran «libros del canon» sino meramente «libros de la iglesia» que eran útiles y provechosos para los creyentes. El amplio uso de la Vulgata latina en siglos subsiguientes garantizó su continua disponibilidad, pero el hecho de que no tuvieron original hebreo que los respaldara, y su exclusión del canon judío, así como la falta de citas de ellos en el Nuevo Testamento, llevó a muchos a verlos con suspicacia o a rechazar su autoridad. Por ejemplo, la lista cristiana más antigua de libros del Antiguo Testamento que existe hoy es la compilada por Melitón, obispo de Sardis, quien escribió alrededor de 170 d.C.[9]

> Cuando vine al este y llegué al lugar en donde estas cosas se predicaban y hacían, y aprendí con precisión los libros del Antiguo Testamento, anoté los hechos y se los envíe. Estos son sus nombres: cinco libros de Moisés: Génesis, Éxodo, Números, Levítico, Deuteronomio; Josué hijo de Nun, Jueces, Rut, cuatro libros de reinos[10], dos libros de Crónicas, los Salmos de David, los Proverbios de Salomón y su sabiduría[11], Eclesiastés, el Cantar de los Cantares, Job, los profetas Isaías, Jeremías, los Doce en un solo libro, Daniel, Ezequiel, Esdras[12].

Es digno de notarse aquí que Melitón no menciona ninguno de los libros apócrifos, pero sí incluye todos nuestros libros del Antiguo Testamento actual excepto Ester[13]. Eusebio también cita a Orígenes respaldando la mayoría de los libros de nuestro presente canon del Antiguo Testamento (incluyendo Ester), pero no presenta ningún libro de los apócrifos como canónico, y de los libros de los Macabeos explícitamente se dice que están «fuera de estos [libros canónicos]»[14]. En forma similar, en el 367 d.C., cuando el gran líder de la iglesia, Atanasio, obispo de Alejandría, escribió su Carta Pascual, hizo una lista de todos los libros de nuestro canon presente del Nuevo Testamento y de todos los libros de nuestro canon presente del Antiguo Testamento excepto Ester. También mencionó algunos libros de la Apócrifa tales como la Sabiduría de Salomón, la Sabiduría de Sirac, Judit y Tobías, y dijo que estos «en verdad no estaban incluidos en el canon, pero los

---

Beckwith ya se ha establecido como la obra definitiva sobre el canon del Antiguo Testamento. Al concluir su estudio Beckwith dice: «La inclusión de varias apócrifa y pseudoepígrafa en el canon de los primeros cristianos no se hizo de ninguna manera en el periodo más temprano, sino que ocurrió en el cristianismo gentil, después de que la iglesia rompió con la sinagoga, entre aquellos cuyo conocimiento del canon cristiano primitivo se estaba volviendo nebuloso». Luego concluye: «Sobre la cuestión de la canonicidad de la apócrifa y pseudoepígrafa la evidencia verdaderamente cristiana primitiva es negativa» (pp. 436-437).

[9]De Eusebio, *Historia Eclesiástica* 4.26.14. Eusebio, quien escribió en 1325 d.C., fue el primer gran historiador de la iglesia. Esta cita es traducida de la traducción al inglés Kersopp Lake, *Eusebius: The Ecclesiastical History*, dos tomos. (Heinamann, Londres; y Harvard, Cambridge, Ma., 1975), 1:393.

[10]Es decir, 1 Samuel, 2 Samuel, 1 Reyes y 2 Reyes.

[11]Esto no se refiere al libro apócrifo llamado Sabiduría de Salomón, sino que es simplemente una descripción más completa de Proverbios. Eusebio anota en 4.22.9 que los escritores antiguos comúnmente llamaban Sabiduría a Proverbios.

[12]Esdras incluía a Esdras y Nehemías, según la manera hebrea común de referirse a libros combinados.

[13]Por alguna razón había duda en cuanto a la canonicidad de este en algunas partes de la iglesia primitiva (en el Oriente pero no en Occidente), pero a la larga las dudas quedaron resueltas, y el uso cristiano se hizo uniforme con el concepto judío, que siempre había contado a Ester como parte del canon, aunque algunos rabinos se habían opuesto por sus propias razones. (Vea la explicación del concepto judío en Beckwith, *Canon*, pp. 288-297).

[14]Eusebio, *Ecclesiastical History* 6.15.2. Orígenes murió alrededor del 254 d.C. Orígenes menciona todos los libros del canon presente del Antiguo Testamento excepto los doce profetas menores (que se contarían como un solo libro), pero esto deja su lista de «veintidós libros» incompleta en veintiuno, así que evidentemente la cita de Eusebio es incompleta, por lo menos en la forma en que la tenemos hoy. Eusebio mismo, en otras partes, repite la afirmación del historiador judío Josefo de que las Escrituras contenían veintidós libros, pero nada desde tiempo de Artajerjes (3.10.1-5), y esto excluiría toda la Apócrifa.

CAPÍTULO 3 · EL CANON DE LAS ESCRITURAS

padres los señalaban para que los leyeran los que se unían recientemente a nosotros, y que desean instrucción en la palabra de santidad»[15]. Sin embargo, otros dirigentes de la iglesia primitiva en efecto citaron varios de estos libros como Escrituras[16].

Hay incongruencias doctrinales históricas en varios de estos libros. E. J. Young anota:

> No hay marcas en estos libros que atestigüen un origen divino. [...] Judit y Tobías contienen errores históricos, cronológicos y geográficos. Estos libros justifican la falsedad y el engaño, y hacen que la salvación dependa de obras de mérito. [...] Eclesiástico y Sabiduría de Salomón inculcan una moralidad basada en la conveniencia. Sabiduría enseña la creación del mundo con materia preexistente (Sab 11.17). Eclesiástico enseña que dar limosnas hace expiación por el pecado (Eclesiástico 3.30). En Baruc se dice que Dios oye las oraciones de los muertos (Baruc 3.4), y en 1 Macabeos hay errores históricos y geográficos[17].

No fue sino hasta 1546, en el concilio de Trento, que la Iglesia Católica Romana oficialmente declaró que los apócrifos eran parte del canon (con excepción de 1 y 2 Esdras, y la Oración de Manasés). Es significativo que el concilio de Trento fue la respuesta de la Iglesia Católica Romana a las enseñanzas de Martín Lutero y la Reforma Protestante que se extendía rápidamente, y los libros de la Apócrifa contenían respaldo para la enseñanza católica de las oraciones por los muertos y la jus tificación por fe más obras, y no por fe sola. Al ratificar a los apócrifos como dentro del canon, los católico romanos podían sostener que la iglesia tiene la autoridad de declarar una obra literaria como «Escrituras», en tanto que los protestantes habían sostenido que la iglesia no puede hacer que algo se considere Escrituras, sino que solo puede reconocer lo que Dios ya ha hecho que se escriba como sus propias palabras.[18] (Una analogía aquí sería decir que un investigador policial puede reconocer dinero falsificado como falsificado y puede reconocer el dinero genuino como genuino, pero no puede hacer que el dinero falsificado sea genuino, ni puede ninguna declaración de ningún número de policías hacer que el dinero falsificado sea algo que no es. Solo la tesorería oficial de una nación puede hacer dinero que sea dinero de verdad; de manera similar, solo Dios puede hacer que las palabras sean palabras suyas y dignas de incluirse en las Escrituras).

Así que los escritos de los apócrifos no se deben considerar como parte de las Escrituras: (1) ninguno de ellos afirma tener la misma clase de autoridad que tenían los escritos

---

[15]Atanasio, *Letter 39*, en *Nicene and Post Nicene Fathers*, 2° ser. ed., Philip SCAF y Henry Wace (Eerdmans, Grand Rapids, 1978), vol. 4: *Athanasius*, pp. 551-552.

[16]Vea Metzger, *Apocrypha*, pp. xii-xiii. Metzger nota que ninguno de los padres de la iglesia latina y griega inicial que citaron a los apócrifos como Escrituras sabía hebreo. Beckwith, *Canon*, pp. 386-389, argumenta que la evidencia de escritores cristianos que citan a los apócrifos como Escrituras es considerablemente menos extensa y menos significativa de lo que los eruditos a menudo aducen que es.

[17]E. J. Young, «The Canon of the Old Testament», en *Revelation and the Bible*, pp. 167-168.

[18]Se debe notar que los católico-romanos usan el término *deuterocanónicos* en lugar de *apócrifos* para referirse a estos libros. Entienden que esto quiere decir «añadidos posteriormente al canon» (el prefijo *deutero* quiere decir «segundo»).

del Antiguo Testamento; (2) los judíos, de quienes ellos se originaron, no los consideraban palabras de Dios; (3) ni Jesús ni los autores del Nuevo Testamento los consideraban Escrituras; y (4), contienen enseñanzas incongruentes con el resto de la Biblia. Debemos concluir que son solo palabras humanas, y no palabras inspiradas por Dios como las palabras de las Escrituras. Tienen valor para la investigación histórica y lingüística, y contienen una cantidad de relatos útiles en cuanto al valor y la fe de muchos judíos durante el período posterior a la conclusión del Antiguo Testamento, pero nunca han sido parte del canon del Antiguo Testamento, y no se les debe considerar parte de la Biblia. Por consiguiente, no tienen ninguna autoridad obligatoria para el pensamiento o vida de los cristianos hoy.

En conclusión, con respecto al canon del Antiguo Testamento, los cristianos de hoy no tienen por qué preocuparse de que algo se haya dejado fuera, ni de que se haya incluido algo que no sea palabra de Dios.

B. El canon del Nuevo Testamento

El desarrollo del canon del Nuevo Testamento empieza con los escritos de los apóstoles. Hay que recordar que la escritura de las Escrituras primordialmente ocurre en conexión con los grandes actos de Dios en la historia de la redención. El Antiguo Testamento registra e interpreta para nosotros el llamamiento de Abraham y la vida de sus descendientes, el éxodo de Egipto y el peregrinaje por el desierto, el establecimiento del pueblo de Dios en la tierra de Canaán, el establecimiento de la monarquía, y la deportación y el regreso del cautiverio. Cada uno de estos grandes actos de Dios en la historia se interpreta para nosotros en las propias palabras de Dios en las Escrituras. El Antiguo Testamento cierra con la expectativa del Mesías que vendría (Mal 3:1-4; 4:1-6). La siguiente etapa en la historia de la redención es la venida del Mesías, y no es sorpresa que no hubieran Escrituras adicionales mientras no tuviera lugar el siguiente y más grandioso suceso en la historia de la redención.

Por eso el Nuevo Testamento consiste en los escritos de los apóstoles[19]. Es primordialmente a los apóstoles a quienes el Espíritu Santo les da la capacidad de recordar con precisión las palabras y obras de Jesucristo, e interpretarlas correctamente para las generaciones subsiguientes.

En Juan 14:26, Jesús les prometió a sus discípulos este poder (a los que se les llamó apóstoles después de la resurrección): «Pero el Consolador, el Espíritu Santo, a quien el Padre enviará en mi nombre, les enseñará todas las cosas y les hará recordar todo lo que les he dicho». De modo similar, Jesús prometió más revelación de verdad de parte del Espíritu Santo cuando les dijo a sus discípulos: «Pero cuando venga el Espíritu de la verdad, él los guiará a toda la verdad, porque no hablará por su propia cuenta sino que dirá sólo lo que oiga y les anunciará las cosas por venir. Él me glorificará porque tomará de lo mío y se lo dará a conocer a ustedes» (Jn 16:13-14). En estos versículos a los discípulos se les prometen dones asombrosos que los capacitarían para escribir las Escrituras: el Espíritu

---

[19] Unos pocos libros del Nuevo Testamento (Marcos, Lucas, Hechos, Hebreos y Judas) no fueron escritos por apóstoles sino por otros íntimamente asociados con ellos, y evidentemente autorizado por ellos: véase la explicación que sigue, pp. 62-64.

CAPÍTULO 3 · EL CANON DE LAS ESCRITURAS

Santo les enseñaría «toda la verdad», les haría recordar «todo» lo que Jesús había dicho y los guiaría a «toda la verdad».

Además, a los que tenían el oficio de apóstol en la iglesia primitiva se les ve afirmando que tenían una autoridad igual a la de los profetas del Antiguo Testamento, autoridad para hablar y escribir palabras que eran palabras del mismo Dios. Pedro anima a sus lectores a recordar «el mandamiento que dio nuestro Señor y Salvador por medio de los apóstoles» (2 P 3:2). Mentir a los apóstoles (Hch 5:2) equivale a mentir al Espíritu Santo (Hch 5:3) y mentir a Dios (Hch 5:4).

Esta afirmación de ser capaces de hablar palabras que eran de Dios mismo es especialmente frecuente en los escritos del apóstol Pablo. Él afirma no solo que el Espíritu Santo le ha revelado lo que «ningún ojo ha visto, ningún oído ha escuchado, ninguna mente humana ha concebido lo que Dios ha preparado para quienes lo aman» (1 Co 2:9), sino que también cuando declara esta revelación háblalo dice «no con palabras enseñadas por sabiduría humana, sino enseñadas por el Espíritu, interpretando las cosas espirituales con palabras espirituales» (1 Co 2:13, traducción del autor)[20].

De modo similar, Pablo les dice a los corintios: «Si alguno se cree profeta o espiritual, reconozca que esto que les escribo es mandato del Señor» (1 Co 14:37). La palabra que se traduce «esto que» en este versículo es un pronombre relativo plural en griego (*ja*) que se podría traducir más literalmente «*las cosas* que les escribo». De este modo Pablo afirma que sus directivas a la iglesia de Corinto no son meramente de su propia cosecha sino un mandamiento del Señor. Más adelante, al defender su oficio apostólico Pablo dice que les dará a los corintios «una prueba de que Cristo habla por medio de mí» (2 Co 13:3). Otros versículos similares se podrían mencionar (por ejemplo, Ro 2:16; Gá 1:8–9; 1 Ts 2:13; 4:8, 15; 5:27; 2 Ts 3:6, 14).

Los apóstoles, entonces, tienen autoridad para escribir palabras que son del mismo Dios, igual en estatus de verdad y autoridad a las palabras de las Escrituras del Antiguo Testamento. Hacen esto para escribir, interpretar y aplicar a la vida de los creyentes las grandes verdades en cuanto a la vida, muerte y resurrección de Cristo.

No debe sorprendernos, por consiguiente, hallar algunos de los escritos del Nuevo Testamento colocados con las Escrituras del Antiguo Testamento como parte del canon de las Escrituras. De hecho, esto es lo que hallamos en por lo menos dos casos. En 2 Pedro 3:16, Pedro muestra no solo que está consciente de la existencia de los escritos de Pablo, sino que también está claramente dispuesto a clasificar «todas sus cartas [de Pablo]» con «las demás Escrituras»; Pedro dice: «Tal como les escribió también nuestro querido hermano Pablo, con la sabiduría que Dios le dio. En todas sus cartas se refiere a estos mismos temas. Hay en ellas algunos puntos difíciles de entender, que los ignorantes e inconstantes tergiversan, *como lo hacen también con las demás Escrituras,* para su propia perdición» (2 P 3:15-16). La palabra que se traduce «Escrituras» aquí es *grafé*, palabra que aparece cincuenta y una veces en el Nuevo Testamento y en cada una de esas ocasiones se refiere a las Escrituras del Antiguo Testamento. Así que la palabra *Escrituras* era un

---

[20] Esta es mi propia traducción de la última fase de 1Co 2:13; vea Grudem, «Scripture's Self-Attestation», en *Scripture and Truth*, ed. D. A. Carson y John Woodbridge (Zondervan, Grand Rapids, 1983), p. 365, n. 61. Pero esta traducción no es crucial para el punto principal; es decir, que Pablo habla palabras que el Espíritu Santo le ha enseñado, punto que lo afirma la primera parte del versículo, sin que importe cómo se traduzca la segunda parte.

término técnico para los autores del Nuevo Testamento, y la aplicaban solo a los escritos que pensaban que eran palabras de Dios y por consiguiente parte del canon de las Escrituras. Pero en este versículo Pedro clasifica los escritos de Pablo como «las demás Escrituras» (refiriéndose a las Escrituras del Antiguo Testamento). Por consiguiente, Pedro consideraba los escritos de Pablo también como dignos del título de «Escrituras», y por consiguiente dignos de que se incluyeran en el canon.

Una segunda instancia se halla en 1 Timoteo 5:17-18. Pablo dice: «Los ancianos que dirigen bien los asuntos de la iglesia son dignos de doble honor, especialmente los que dedican sus esfuerzos a la predicación y a la enseñanza. *Pues la Escritura* dice: "No le pongas bozal al buey mientras esté trillando", y "El trabajador merece que se le pague su salario"». La primera cita de las «Escrituras» se halla en Deuteronomio 25:4, pero la segunda cita, «El trabajador merece que se le pague su salario» no se halla en ninguna parte del Antiguo Testamento. Aparece eso sí, no obstante, en Lucas 10:7 (con exactamente las mismas palabras en el texto griego). Así que aquí tenemos a Pablo aparentemente citando una porción del Evangelio de Lucas[21] y llamándola «Escritura», es decir, algo que se debe considerar como parte del canon.[22] En estos dos pasajes (2 P 3:16 y 1 Ti 5:17-18) vemos evidencia de que muy temprano en la historia de la iglesia se empezó a aceptar los escritos del Nuevo Testamento como parte del canon.

Debido a que los apóstoles, en virtud de su oficio apostólico, tuvieron autoridad para escribir palabras de las Escrituras, la iglesia primitiva aceptó como parte del canon de las Escrituras las auténticas enseñanzas escritas de los apóstoles. Si aceptamos los argumentos para las nociones tradicionales de autoría de los escritos del Nuevo Testamento,[23] tenemos la mayor parte del Nuevo Testamento en el canon debido a la autoría directa de los apóstoles. Esto incluiría Mateo; Juan; Romanos a Filemón (todas las Epístolas paulinas), Santiago;[24] 1 y 2 Pedro; 1, 2 y 3 Juan, y Apocalipsis.

Eso deja cinco libros: Marcos, Lucas, Hechos, Hebreos y Judas, que no fueron escritos por apóstoles. Los detalles del proceso histórico por el cual la iglesia primitiva llegó a contar estos libros como parte de las Escrituras son escasos, pero Marcos, Lucas y Hechos se reconocieron muy temprano, probablemente debido a la íntima asociación de Marcos con el apóstol Pedro, y de Lucas (el autor de Lucas y Hechos) con el apóstol Pablo. De modo similar, se aceptó Judas evidentemente en virtud de la conexión del autor con Santiago (vea Jud 1) y el hecho de que era hermano de Jesús.[25]

La aceptación de Hebreos como canónico fue promovida por muchos en la iglesia, en base a que se daba por sentado su autoría paulina. Pero desde los primeros tiempos hubo otros que rechazaron la autoría paulina a favor de una u otra de varias sugerencias.

---

[21] Alguien podría objetar que Pablo podría estar citando una tradición oral de las palabras de Jesús antes que el Evangelio de Lucas, pero es dudoso que Pablo llamara «Escrituras» a cualquier tradición oral, puesto que la palabra (gr., *grafé*, «escritos») en el uso del Nuevo Testamento siempre se aplica a textos escritos, y dada la íntima asociación de Pablo con Lucas hace muy posible que estuviera citando el Evangelio escrito por Lucas.

[22] Lucas mismo no fue apóstol, pero aquí se le concede a su Evangelio autoridad igual a la de los escritos apostólicos. Evidentemente esto se debió a su íntima asociación con los apóstoles, especialmente Pablo, y el endoso de su Evangelio de parte de un apóstol.

[23] Para una defensa de la noción tradicional de autoría de los escritos del Nuevo Testamento, vea Donald Guthrie, *New Testament Introduction* (InterVarsity Press, Downers Grove, IL, 1970).

[24] A Santiago se le considera como apóstol en 1Co 15:7 y Gá 1:19. Él también cumple funciones apropiadas para un apóstol en Hch 12:17; 15:13; 21:18; Gá 2:9, 12.

[25] La aceptación de Judas en el canon fue lenta, primordialmente debido a dudas respecto a su cita del libro lo canónico de Enoc.

CAPÍTULO 3 · EL CANON DE LAS ESCRITURAS

Orígenes, que murió alrededor del 254 d.C., menciona varias teorías de autoría y concluye: «Pero, quién en realidad escribió la epístola, sólo Dios lo sabe».[26] Así que la aceptación de Hebreos como canónico no se debió enteramente a una creencia en la autoría paulina. Más bien, las cualidades intrínsecas del libro en sí mismo deben haber convencido finalmente a los primeros lectores, tal como continúan convenciendo a los creyentes hoy, de que quienquiera que haya sido su autor humano, su autor en definitiva solo pudo haber sido Dios mismo. La gloria majestuosa de Cristo brilla de las páginas de la Epístola a los Hebreos tan brillantemente que ningún creyente que la lea con seriedad jamás querrá cuestionar su lugar en el canon.

Esto nos lleva a la médula del asunto de la canonicidad. Para que un libro pertenezca al canon, es absolutamente necesario que tenga autoría divina. Si las palabras del libro son de Dios (por medio de autores humanos), y si la iglesia primitiva, bajo la dirección de los apóstoles, preservó el libro como parte de las Escrituras, el libro pertenece al canon. Pero si las palabras del libro no son de Dios, este no pertenece al canon. La cuestión de autoría por parte de un apóstol es importante, porque fue primariamente a los apóstoles a quienes Dios les dio la capacidad de escribir palabras con absoluta autoridad divina. Si se puede demostrar que un escrito es de un apóstol, su autoridad divina absoluta queda establecida automáticamente[27]. Así que la iglesia primitiva automáticamente aceptó como parte del canon las enseñanzas escritas de los apóstoles que ellos quisieron preservar como Escrituras.

Pero la existencia de algunos escritos del Nuevo Testamento que no fueron de autoría directa de los apóstoles muestra que hubo otros en la iglesia primitiva a quienes Dios también les dio la capacidad, por obra del Espíritu Santo, de escribir palabras que eran palabras de Dios, y por consiguiente con el propósito de que fueran parte del canon. En estos casos, la iglesia primitiva tuvo la tarea de reconocer cuáles escritos tenían las características de ser palabras de Dios (expresadas a través de autores humanos).

Para algunos de los libros (por lo menos Marcos, Lucas y Hechos, y tal vez Hebreos y Judas también), la iglesia tuvo, por lo menos en determinados aspectos, el testimonio personal de algunos de los apóstoles que todavía vivían y que respaldaban la autoridad divina absoluta de estos libros. Por ejemplo, Pablo habría respaldado la autenticidad de Lucas y Hechos, y Pedro habría respaldado la autenticidad de Marcos como que contenía el evangelio que él mismo predicaba. En otros casos, y en algunas regiones geográficas, la iglesia simplemente tuvo que decidir si oía la voz de Dios mismo hablando en las palabras de esos escritos. En estos casos, las palabras de los libros habrían sido *autoatestiguadoras*; es decir, las palabras habrían dado testimonio de su propia autoría divina conforme los cristianos las leían. Esto parece haber sido el caso de Hebreos.

---

[26] La afirmación de Orígenes está citada en Eusebio, *Ecclesiastical History*, 6.25.14.

[27] Por supuesto, esto no significa que todo lo que un apóstol escribió, incluyendo su lista de compras y recibos de transacciones de negocios, se consideraría Escrituras. Estamos hablando aquí de escritos hechos al actuar en su papel de apóstol y dando instrucciones apostólicas a las iglesias y a cristianos individuales (tales como a Timoteo y Filemón).

Es también muy probable que los mismos apóstoles en vida dieran alguna dirección a las iglesias respecto a cuáles obras proponían que se preservaran y se usaran como Escrituras en las iglesias (vea Col 4:16; 2Ts 3:14; 2P 3:16). Evidentemente hubo algunos escritos que tuvieron autoridad divina absoluta pero que los apóstoles decidieron no preservar como «Escrituras» para las iglesias (tales como la «carta previa» a los Corintios; vea 1Co 5:9). Es más, los apóstoles dieron mucha enseñanza oral, que tenía autoridad divina (vea 2Ts 2:15) pero que no se escribió ni preservó como Escrituras. De este modo, además de la autoría apostólica, la preservación de parte de la iglesia bajo la dirección de los apóstoles fue necesaria para que una obra se incluyera en el canon.

No debe ser sorpresa para nosotros que la iglesia primitiva pudiera reconocer Hebreos y otros escritos, no escritos por los apóstoles, como palabras de Dios. ¿Acaso Jesús no había dicho: «Mis ovejas oyen mi voz» (Jn 10:27)? Por consiguiente, no se debe pensar que es imposible o improbable que la iglesia primitiva pudiera haber usado una combinación de factores, incluyendo el endoso apostólico, la congruencia con el resto de las Escrituras, y la percepción de que un escrito era «inspirado por Dios» de parte de una abrumadora mayoría de los creyentes, para decidir que un escrito era en efecto palabra de Dios (expresada a través de un autor humano) y por consiguiente digno de que se incluyera en el canon. Tampoco se debe tener como improbable que la iglesia pudiera haber usado este proceso a lo largo de un período de tiempo —conforme los escritos circulaban por varias partes de la iglesia primitiva— y finalmente llegara a una decisión completamente correcta, sin excluir ningún escrito que fue en efecto «inspirado por Dios» y sin incluir ninguno que no lo fue[28].

En el 367 d.C. la trigésima novena carta pascual de Atanasio contenía una lista exacta de los veintisiete libros del Nuevo Testamento que tenemos hoy. Esta era la lista de libros aceptados por las iglesias en la parte oriental del mundo mediterráneo. Treinta años más tarde, en el 397 d.C., el concilio de Cartago, representando a las iglesias en la parte occidental del mundo mediterráneo, concordó con las iglesias orientales respecto a la misma lista. Estas son las listas finales más tempranas de nuestro canon del día presente.

¿Debemos esperar que se añada algún otro escrito al canon? La frase que abre Hebreos pone esta cuestión en la perspectiva histórica apropiada, la perspectiva de la historia de la redención: «Dios, que muchas veces y de varias maneras habló a nuestros antepasados en otras épocas por medio de los profetas, en estos días finales nos ha hablado por medio de su Hijo. A éste lo designó heredero de todo, y por medio de él hizo el universo» (Heb 1:1-2).

El contraste entre el hablar anterior «en otras épocas» por los profetas y el reciente hablar «en estos días finales» sugiere que el hablar de Dios a nosotros por medio de su Hijo es la culminación de su hablar a la humanidad, y la revelación más grande y final a la humanidad en este período de la historia de la redención. La grandeza excepcional de la revelación que viene por el Hijo excede con mucho cualquier revelación del antiguo pacto, y se recalca vez tras vez en los capítulos 1 y 2 de Hebreos. Estos hechos indican que hay una finalidad en la revelación de Dios en Cristo, y que una vez que esa revelación ha quedado completa, no se debe esperar más.

Pero, ¿dónde aprendemos en cuanto a esta revelación por medio de Cristo? Los escritos del Nuevo Testamento contienen la interpretación final, autoritativa y suficiente de la obra de Cristo en la redención. Los apóstoles y sus compañeros más íntimos informan las palabras y obras de Cristo y las interpretan con autoridad divina absoluta. Cuando terminaron sus escritos, nada más hay que añadir con la misma autoridad divina absoluta. Así que una vez que los escritos de los apóstoles del Nuevo Testamento y sus compañeros autorizados quedaron completos, tenemos en forma escrita el registro final

---

[28]En este punto no estoy considerando el asunto de variantes textuales (es decir, las diferencias en palabras y frases individuales que se hallan entre las muchas copias antiguas de las Escrituras que todavía existen). Este asunto se trata en el capítulo 5, secciones 3 y 4.

de todo lo que Dios quiere que sepamos en cuanto a la vida, muerte y resurrección de Cristo, y su significado para la vida de los creyentes de todos los tiempos. Puesto que esta es la más grande revelación de Dios para la humanidad, no se debe esperar más una vez que esto quedó completo. De esta manera, entonces, Hebreos 1:1-2 nos muestra por qué no se deben añadir más escritos a la Biblia después de los tiempos del Nuevo Testamento. El canon ya está cerrado.

Una consideración de tipo similar se puede derivar de Apocalipsis 22:18-19:

A todo el que escuche las palabras del mensaje profético de este libro le advierto esto: Si alguno le añade algo, Dios le añadirá a él las plagas descritas en este libro. Y si alguno quita palabras de este libro de profecía, Dios le quitará su parte del árbol de la vida y de la ciudad santa, descritos en este libro.

La referencia primaria de estos versículos es claramente al mismo libro de Apocalipsis, porque Juan se refiere a su escrito como «palabras de este libro de profecía» en el versículo 7 y 10 de este capítulo (y al libro entero se le llama profecía en Ap 1:3). Es más, la referencia al «árbol de la vida y [...] la ciudad santa, descritos en este libro» indica que se refiere al mismo libro de Apocalipsis.

No es accidente, sin embargo, que esta afirmación venga al final del último capítulo de Apocalipsis, y que este sea el último libro en el Nuevo Testamento. De hecho, Apocalipsis tuvo que ser colocado en último lugar en el canon. El orden en que muchos libros se colocaron en el canon es de poca trascendencia. Pero así como Génesis se debe colocar primero (porque nos habla de la creación), así Apocalipsis se debe colocar último (porque su enfoque es decirnos el futuro de la nueva creación divina). Los eventos descritos en Apocalipsis son históricamente subsiguientes a los eventos descritos en el resto del Nuevo Testamento y exige que Apocalipsis se coloque donde está. De este modo, no es inapropiado que entendamos esta excepcionalmente fuerte advertencia al final de Apocalipsis como aplicándose de una manera secundaria a todas las Escrituras. Colocada allí, donde debe estar colocada, la advertencia forma una conclusión apropiada a todo el canon de las Escrituras. Junto con Hebreos 1:1-2 y la perspectiva de la historia de la redención implícita en estos versículos, esta aplicación más amplia de Apocalipsis 22:18-19 también nos sugiere que no debemos esperar más Escrituras que se añadan más allá de las que ya tenemos.

¿Cómo sabemos, entonces, que tenemos los libros que debemos tener en el canon de las Escrituras? La pregunta se puede contestar de dos maneras diferentes. Primero, si preguntamos en qué debemos basar nuestra confianza, la respuesta en última instancia debe ser que nuestra confianza se basa en la fidelidad de Dios. Sabemos que Dios ama a su pueblo, y es de suprema importancia que el pueblo de Dios tenga las propias palabras de Dios, porque son nuestra vida (Dt 32:47; Mt 4:4). Son más preciosas, y más importantes para nosotros que todo lo demás del mundo. También sabemos que Dios nuestro Padre tiene las riendas de la historia, y no es la clase de Padre que nos hará trampas o no nos será fiel, o que nos privará de algo que absolutamente necesitamos.

La severidad de los castigos que menciona Apocalipsis 22:18-19 que les vendrán a los que añadan o quiten de las palabras de Dios también confirma la importancia de que el pueblo de Dios tenga un canon correcto. No puede haber castigos más grandes que estos, porque son castigos eternos. Esto muestra que Dios mismo asigna valor supremo a que tengamos una colección correcta de los escritos inspirados por Dios, ni más ni menos. A la luz de este hecho, ¿podría ser correcto que creamos que Dios nuestro Padre, que controla toda la historia, permitiría que toda su iglesia esté por casi 2000 años privada de algo que él mismo valora tan altamente y que es tan necesario para nuestras vidas espirituales?[29]

La preservación y compilación correcta del canon de las Escrituras en última instancia deben verla los creyentes, entonces, no como parte de la historia de la iglesia subsecuente a los grandes actos centrales de Dios de la redención de su pueblo, sino como una parte integral de la historia de la redención misma. Así como Dios obró en la creación, en el llamado del pueblo de Israel, en la vida, muerte y resurrección de Cristo, y en la obra inicial y escritos de los apóstoles, Dios obró en la preservación y compilación de los libros de las Escrituras para beneficio de su pueblo por toda la edad de la iglesia. En definitiva, entonces, basamos nuestra confianza en la corrección de nuestro canon presente en la fidelidad de Dios.

La pregunta de cómo sabemos que tenemos los libros que debemos tener puede, en segundo lugar, contestarse de una manera algo diferente. Podemos querer enfocarnos en el proceso por el cual nos hemos persuadido de que los libros que tenemos ahora en el canon son los precisos. En este proceso, dos factores intervienen: la actividad del Espíritu Santo que nos convence al leer las Escrituras nosotros mismos, y la información histórica que tenemos disponible para nuestra consideración.

Al leer la Biblia, el Espíritu Santo obra para convencernos de que los libros que tenemos en las Escrituras son todos de Dios y que son palabras suyas para nosotros. Los cristianos, en el decursar de todas las edades, han dado como testimonio el hecho de que al leer los libros de la Biblia, las palabras de las Escrituras les hablan al corazón como ningún otro libro. Día tras día, año tras año, los creyentes hallan que las palabras de la Biblia son en verdad palabras de Dios que les hablan con una autoridad, poder y persuasión que ningún otro escrito posee. Verdaderamente la Palabra de Dios es «viva y poderosa, y más cortante que cualquier espada de dos filos. Penetra hasta lo más profundo del alma y del espíritu, hasta la médula de los huesos, y juzga los pensamientos y las intenciones del corazón» (Heb 4:12).

Sin embargo, el proceso por el cual nos persuadimos de que el canon presente es correcto también recibe ayuda de la información histórica. Por supuesto, si la compilación del canon fue una parte de los actos centrales de Dios en la historia de la redención (como indicamos arriba), los cristianos de hoy no deben tener el atrevimiento de añadir o sustraer de los libros del canon. El proceso quedó completo hace mucho tiempo. No obstante, una investigación cabal de las circunstancias históricas que rodearon la compilación

---

[29]Esto, por supuesto, no es afirmar la noción imposible de que Dios providencialmente preserva toda palabra en toda copia de todo texto, sin que importe lo descuidado que sea el copista, o que él debe proveerle milagrosamente a todo creyente una Biblia instantáneamente. No obstante, esta consideración del cuidado fiel de Dios a sus hijos debe hacer que estemos agradecidos de que en la providencia de Dios no haya una variante textual significativamente atestiguada que cambiaría algún punto de doctrina o ética cristiana, y que así de fiel se ha trasmitido y preservado el texto. Sin embargo, debemos decir claramente que hay una cantidad de palabras diferentes en diferentes manuscritos antiguos de la Biblia que se han preservado hasta hoy. A estas se les llama «variantes textuales». La cuestión de las variantes textuales dentro de los manuscritos que sobreviven de los libros que pertenecen al canon se trata en el capítulo 5, pp. 96-97.

del canon es útil para confirmar nuestra convicción de que las decisiones tomadas por la iglesia primitiva fueron decisiones correctas. Algo de esta información histórica ya se ha mencionado en las páginas precedentes. Otra información, más detallada, está disponible para los que desean emprender investigaciones más especializadas.³⁰

Pero se debe mencionar otro hecho histórico adicional. Hoy no existe ningún candidato fuerte para añadirse al canon ni ninguna objeción fuerte contra algún libro que ya está en el canon. De los escritos que algunos de la iglesia primitiva quisieron incluir en el canon, es seguro decir que ninguno de los evangélicos del día presente lo querrían incluir. Algunos de los escritores más tempranos se distinguieron muy claramente de los apóstoles, y sus escritos de los escritos de los apóstoles. Ignacio, por ejemplo, alrededor del 110 d.C., dijo: «No les ordeno como les ordenó Pedro y Pablo; *ellos fueron apóstoles* y yo soy un convicto; ellos eran libres, y yo hasta ahora soy esclavo» (Ignacio, *A los romanos* 4.3; compare la actitud hacia los apóstoles en 1 Clemente 42.1, 2; 44:1-2 [95 d.C.]; Ignacio, *A los magnesianos* 7:1; 13:1-2; et al.).

Incluso los escritos que por un tiempo algunos pensaban que merecían que se les incluyera en el canon contienen enseñanza doctrinal contradictoria con el resto de las Escrituras. «El Pastor» de Hermas, por ejemplo, enseña «la necesidad de la penitencia» y «la posibilidad de perdón de pecados por lo menos una vez después del bautismo. [...] El autor parece identificar al Espíritu Santo con el Hijo de Dios antes de la encarnación, y sostener que la Trinidad surgió sólo después de que la humanidad de Cristo había sido llevada al cielo» (*Oxford Dictionary of the Christian Church*, p. 641).

El *Evangelio de Tomás*, que algunos por un tiempo sostuvieron que pertenecía al canon, termina con la siguiente afirmación absurda (par. 114):

> Simón Pedro les dijo: «Dejen que María se vaya de nosotros, porque las mujeres no merecen vivir». Jesús dijo: «He aquí, yo la guiaré, para poder hacerla varón, para que ella también pueda llegar a ser un espíritu viviente, parecido a ustedes varones. Porque toda mujer que se hace a sí misma varón entrará en el reino de los cielos»³¹.

Todos los otros documentos existentes, que en la iglesia primitiva tuvieron alguna posibilidad de que se los incluyera en el canon, son similares a estos en que contienen renuncias explícitas de status canónico o incluyen alguna aberración doctrinal que claramente los hace indignos de que se los incluya en la Biblia³².

---

³⁰Una encuesta útil y reciente en este campo es David Dunbar, «The Biblical Canon», en *Hermeneutics, Authority and Canon*, ed. D. A. Carson y John Woodbridge (Zondervan, Grand Rapids, 1986), pp. 295-360. Además, tres libros recientes son de tan excelente calidad que definirán el debate sobre el canon por muchos años en el futuro: Roger Beckwith, *The Old Testament Canon of the New Testament Church and Its Background in Early Judaism* (Londres: SPCK, 1985, y Eerdmans, Grand Rapids, 1986); Bruce Metzger, *The Canon of the New Testament: Its Origin, Development, and Significance* (Clarendons, Oxford; Oxford University Press, Nueva York, 1987); y F. F. Bruce, *The Canon of Scripture* (InterVarsity Press, Downers Grove, IL, 1988).

³¹Este documento no fue escrito por el apóstol Tomás. La opinión de los eruditos en la actualidad la atribuye a algún autor desconocido del segundo siglo d.C., que usó el nombre de Tomás.

³²Es apropiado aquí decir una palabra en cuanto al escrito llamado la *Didaqué*. Aunque no se consideró incluir este documento en el canon durante la historia inicial de la iglesia, muchos eruditos han pensado que es un documento muy temprano y algunos hoy lo citan como si fuera una autoridad respecto a la enseñanza de la iglesia primitiva al mismo nivel que los escritos del Nuevo Testamento. Se descubrió en 1875 en una biblioteca de Constantinopla, pero probablemente data del primer o segundo siglo d.C. Sin embargo, contradice o añade a los mandamientos del Nuevo Testamento en muchos puntos. Por ejemplo, a los cristianos se les dice que permitan que las limosnas suden en sus manos hasta que sepan a quién se las dan (1.6); se prohíbe el alimento ofrecido a los ídolos (6.3); a la gente se le exige que ayune antes del bautismo, y el bautismo se debe hacer en agua corriente (7.1-4); se exige el ayuno los miércoles y

Por otro lado, no hay ninguna objeción fuerte contra ningún libro que hasta el presente conste en el canon. En el caso de varios libros del Nuevo Testamento que se demoraron en obtener la aprobación de la iglesia entera (libros tales como 2 Pedro o 2 y 3 Juan), mucha de la vacilación inicial en cuanto a incluirlos se puede atribuir al hecho de que al principio no circularon ampliamente, y que el conocimiento total del contenido de todos los escritos del Nuevo Testamento se esparció por la iglesia más bien lentamente. (La vacilación de Martín Lutero en cuanto a Santiago es muy entendible en vista de la controversia doctrinal en que estaba involucrado, pero tal vacilación no fue ciertamente necesaria. Lo que parece ser conflicto doctrinal con la enseñanza de Pablo se resuelve fácilmente una vez que se reconoce que Santiago está usando tres términos clave, *justificación, fe* y *obras* en sentidos diferentes a los que Pablo los usa)[33].

Hay, por consiguiente, confirmación histórica de la corrección del canon presente. Sin embargo se debe recordar en conexión con cualquier investigación histórica que el propósito de la iglesia primitiva no era otorgar autoridad divina o incluso autoridad eclesiástica a escritos meramente humanos, sino más bien reconocer la autoría divina de escritos que ya tenían tal calidad. Esto se debe a que el criterio supremo de la canonicidad es la autoría divina, no la aprobación humana o eclesiástica.

En este punto, alguien pudiera hacer una pregunta hipotética en cuanto a qué haríamos si se descubriera, por ejemplo, alguna epístola de Pablo. ¿Se añadiría a las Escrituras? Esta es una pregunta difícil, porque intervienen dos consideraciones conflictivas. Por un lado, si una gran mayoría de los creyentes se convenciera de que en verdad fue una epístola paulina auténtica, escrita por Pablo en el curso de su oficio apostólico, la naturaleza de la autoridad apostólica de Pablo garantizaría que el escrito es palabra de Dios (tanto como las de Pablo), y que su enseñanza es congruente con el resto de las Escrituras. Pero el hecho de que no fue preservada como parte del canon indicaría que no estuvo entre los escritos que los apóstoles querían que la iglesia preservara como parte de las Escrituras. Es más, se debe decir de inmediato que tal pregunta hipotética es simplemente eso: hipotética. Es excepcionalmente difícil imaginar qué clase de información histórica se podría descubrir que pudiera demostrar convincentemente a la iglesia como un todo que una carta perdida por más de 1900 años fue de la autoría genuina de Pablo, y todavía más difícil entender cómo nuestro Dios soberano pudo haber cuidado fielmente a su pueblo por más de 1900 años y con todo permitir que estuvieran privados continuamente de algo que él propuso que tuvieran como parte de su revelación final de sí mismo en Jesucristo. Estas consideraciones hacen altamente improbable que un manuscrito así se descubra

---

los viernes pero se prohíbe los lunes y los jueves (8.1); a los creyentes se les exige orar el Padre Nuestro tres veces al día (8.3); a los no bautizados se les excluye de la Cena del Señor y se dan oraciones no conocidas en el Nuevo Testamento como modelos para celebrar la Cena del Señor (9.1-5); a los apóstoles se les prohíbe que se queden en una ciudad más de dos días (11.5; pero note que el apóstol Pablo se quedó año y medio en Corinto y tres años en Éfeso); a los profetas que hablan en el Espíritu no se les puede probar ni examinar (11.7, en contradicción con 1Co 14:29 y 1Ts 5:20-21); la salvación requiere perfección en el último tiempo (16.2). Tal documento, de autoría desconocida, por ningún lado es una guía confiable para las enseñanzas y práctica de la iglesia primitiva.

[33]Vea R. V. G. Tasker, *The General Epistle of James,* TNTC (Tyndale Press, Londres, 1956), pp. 67-71. Aunque Lutero colocó a Santiago cerca del final de su traducción al alemán del Nuevo Testamento, no lo excluye del canon, y citó más de la mitad de los versículos de Santiago como autoritativos en varias partes de sus escritos (vea Douglas Moo, *The Letters of James,* TNTC (Leicester y InterVarsity Press, Downers Grove, IL, 1985), p. 18; vea también pp. 100-117 sobre la fe y obras en Santiago.

en algún momento en el futuro, y que una pregunta hipotética como esa en realidad no merece ninguna otra consideración seria.

En conclusión, ¿hay algún libro en nuestro canon actual que no debería estar allí? No. Podemos apoyar nuestra confianza respecto a este hecho en la fidelidad de Dios nuestro Padre, que no guiaría a todo su pueblo por casi 2000 años a tener como palabra suya algo que no lo es. Y hallamos nuestra confianza repetidamente confirmada tanto por la investigación histórica como por la obra del Espíritu Santo al capacitarnos para oír la voz de Dios de una manera única al leer de cada uno de los sesenta y seis libros en el canon presente de las Escrituras.

Pero, ¿hay algún libro que falta, un libro que se debería haber incluido en las Escrituras pero que no se incluyó? La respuesta debe ser no. En toda la literatura conocida no hay ningún candidato que siquiera se acerque a las Escrituras cuando se considera su congruencia doctrinal con el resto de las Escrituras y el tipo de autoridad que afirma tener (tanto como la manera en que esas afirmaciones de autoridad han sido recibidas por otros creyentes). De nuevo, la fidelidad de Dios a su pueblo nos convence de que nada falta en las Escrituras que Dios piense que necesitamos saber para obedecerle y confiar en él plenamente. El canon de las Escrituras hoy es exactamente lo que Dios quería que fuera, y se quedará de esa manera hasta que Cristo vuelva.

PREGUNTAS PARA APLICACIÓN PERSONAL

1. ¿Por qué es importante para su vida cristiana saber cuáles escritos son palabras de Dios y cuáles no lo son? ¿Cuán diferente sería su relación con Dios si tuviera que buscar sus palabras esparcidas entre todos los escritos de los cristianos a través de toda la historia de la iglesia? ¿Cuán diferente sería su vida cristiana si las palabras de Dios estuvieran contenidas no solo en la Biblia, sino también en las declaraciones oficiales de la iglesia a través de la historia?

2. ¿Ha tenido usted alguna duda o preguntas en cuanto a la canonicidad de algún libro de la Biblia? ¿Qué motivó esas preguntas? ¿Qué debe hacer uno para resolverlas?

3. Mormones, Testigos de Jehová y miembros de otras sectas han aducido revelaciones de Dios en el día presente que ellos consideran iguales a la Biblia en autoridad. ¿Qué razones puede dar usted para indicar la falsedad de esas afirmaciones? En la práctica, ¿ven esas personas a la Biblia con igual autoridad que esas otras «revelaciones»?

4. Si usted nunca ha leído alguna parte de los apócrifos del Antiguo Testamento, tal vez quiera leer algunas secciones.[34] ¿Piensa usted que puede confiar en esos escritos de la misma manera en que confía en la Biblia? Compare los efectos

---

[34] Una buena traducción reciente es *The Oxford Annotated Apocrypha* (RSV), ed. Bruce M. Metzger (Nueva York: Oxford University Press, 1965). Hay también una colección de escritos no bíblicos del tiempo del Nuevo Testamento llamada «New Testament apocrypha» (vea nota siguiente), pero esta es mucho menos leída comúnmente. Cuando se habla de «los apócrifos» sin ninguna otra especificación, se refieren solo a los apócrifos del Antiguo Testamento.

de estos escritos sobre usted y el efecto de la Biblia sobre usted. Tal vez usted quiera hacer una comparación similar con algunos escritos de una colección de libros llamados los apócrifos del Nuevo Testamento,[35] o tal vez con el *Libro de Mormón* o el *Corán*. ¿Es el efecto espiritual de estos escritos sobre su vida positivo o negativo? ¿Cómo se compara eso con el efecto espiritual que la Biblia ejerce sobre su vida?

TÉRMINOS ESPECIALES

Apócrifa
Apóstol
autoatestiguador
canon
canónico
historia de la redención
inspirado por Dios
pacto

BIBLIOGRAFÍA

Beckwith, R. T. «Canon of the Old Testament». En IBD 1:235–38.
Beckwith, Roger. *The Old Testament Canon of the New Testament Church and Its Background in Early Judaism*. Eerdmans, Grand Rapids, 1985.
Birdsall, J. N. «Apocrypha». En IBD 1:75–77.
_____. «Canon of the New Testament». En IBD 1:240–45.
Bruce, F. F. *The Canon of Scripture*. InterVarsity Press, Downers Grove, Ill, 1988.
Carson, D. A., and John D. Woodbridge, eds. *Hermeneutics, Authority, and Canon*. Zondervan, Grand Rapids, 1986.
Dunbar, David G. «The Biblical Canon». En *Hermeneutics, Authority, and Canon*. Ed. by D. A. Carson and John Woodbridge. Zondervan, Grand Rapids, 1986.
Green, William Henry. *General Introduction to the Old Testament: The Canon*. Scribners, Nueva York, 1898.
Harris, R. Laird. «Chronicles and the Canon in New Testament Times». *JETS*. Vol. 33, no. 1 (March 1990): 75–84.
_____. *Inspiration and Canonicity of the Bible: An Historical and Exegetical Study*. Zondervan, Grand Rapids, 1989.
Kline, Meredith G. *The Structure of Biblical Authority*. Eerdmans, Grand Rapids, 1972.
Leiman, S. Z. *The Canonization of Hebrew Scripture: The Talmudic and Midrashic Evidence*. Hamden, Conn. Archon, 1976.
McRay, J. R. «Bible, Canon of». In *EDT* pp. 140–41.
Metzger, Bruce M. *The Canon of the New Testament: Its Origin, Development, and Significance*. Oxford: Clarendon; and Nueva York: Oxford University Press, 1987.
Packer, J. I. «Scripture». NDT 627–31.

---

[35] E. Hennecke, *New Testament Apocrypha*, ed. W. Schneemelcher; trad. al inglés ed. R. McL. Wilson (2 tomos). SCM Press, 1965. También se debe notar que otra literatura más ortodoxa de la iglesia primitiva se puede hallar convenientemente en una colección de escritos a la que se refiere como «Padres apostólicos». Una buena traducción al inglés se halla en Kirsopp Lake, trad., *The Apostolic Fathers*, Loeb Classical Library (2 tomos: Cambridge, Mass.: Harvard University Press, 1912, 1913), pero hay disponibles otras traducciones útiles.

Ridderbos, Herman N. *Redemptive History and the New Testament Scriptures*. Antes *The Authority of the New Testament Scriptures*. 2ª rev. ed. Trad. por H. D. Jongste. Rev. por Richard B. Gaffin, Jr. Presbyterian and Reformed, Phillipsburg, N.J. 1988.

Westcott, Brooke Foss. *The Bible in the Church: A Popular Account of the Collection and Reception of the Holy Scriptures in the Christian Churches*. Primera ed. con alteraciones. SCM, Macmillan, Londres, 1901.

Zahn, Theodor. *Geschichte des Neutestamentlichen Kanons*. 2 tomos Deichert, Erlangen, 1888–90. Reimpresión ed., Olms, Hildesheim and Nueva York, 1975.

PASAJE BÍBLICO PARA MEMORIZAR

Hebreos 1:1-2: *Dios, que muchas veces y de varias maneras habló a nuestros antepasados en otras épocas por medio de los profetas, en estos días finales nos ha hablado por medio de su Hijo. A éste lo designó heredero de todo, y por medio de él hizo el universo.*

HIMNO

«Oh Verbo encarnado»

Oh Verbo encarnado, oh celestial Verdad,
Sabiduría eterna, luz en la oscuridad,
Te loamos por tu Libro que luz eterna da;
cual lámpara divina su luz siempre guiará.

Oh Cristo, a tu iglesia legaste este don,
Que cual brillante faro provee dirección.
Es tu palabra caja de joyas sin igual;
pintura que retrata tu imagen celestial.

Delante de tu pueblo cual estandarte va;
Al mundo envuelto en tinieblas sus rayos puros da;
Es brújula, y carta que en tormentosa mar,
por todos los peligros a Cristo saben guiar.

Haz que tu iglesia sea lumbrera, oh Señor,
que brilla en las naciones con santo resplandor;
Enseña al peregrino a guiarse por tu luz,
Seguro, hasta verte en gloria, oh Jesús.

WILLIAM W. HOW, 867, EST. # 1, 3,
TRAD. G. P. SIMMONS, # 2, 4 E. SYWULKA B.
TRAD. ESTR. # 1,3 © CÁNTICOS ESCOGIDOS,
TRAD. ESTR. 2, 4 © 1992 CELEBREMOS/
LIBROS ALIANZA (TOMADO DE CELEBREMOS SU GLORIA, # 284)

Capítulo 4

LAS CUATRO CARACTERÍSTICAS DE LAS ESCRITURAS: (1) AUTORIDAD

¿Cómo sabemos que la Biblia es la Palabra de Dios?

En el capítulo previo nuestro objetivo fue determinar cuáles escritos pertenecen a la Biblia y cuáles no. Pero una vez que hemos determinado qué es la Biblia, nuestro siguiente paso es preguntar cómo es ella. ¿Qué nos enseña toda la Biblia respecto a sí misma?

Las principales enseñanzas de la Biblia en cuanto a sí misma se pueden clasificar en cuatro características (a veces llamadas atributos): (1) la autoridad de las Escrituras, (2) la claridad de las Escrituras, (3) la necesidad de las Escrituras y (4) la suficiencia de las Escrituras.

Con respecto a la primera característica, la mayoría de los cristianos estaría de acuerdo en que la Biblia es nuestra autoridad en algún sentido. Pero ¿en qué sentido afirma la Biblia ser nuestra autoridad? Y ¿cómo nos persuadimos de que las afirmaciones de la Biblia en cuanto a ser la Palabra de Dios son verdad? Estas son las preguntas que se consideran en este capítulo.

EXPLICACIÓN Y BASE BÍBLICA

La autoridad de las Escrituras quiere decir que todas las palabras de la Biblia son palabras de Dios de tal manera que no creer o desobedecer alguna palabra de las Escrituras es no creer o desobedecer a Dios.

Esta definición se puede ahora examinar en sus varias partes.

A. Todas las palabras de las Escrituras son palabras de Dios

1. Esto es lo que la Biblia afirma en cuanto a sí misma. Hay frecuentes afirmaciones en la Biblia de que todas las palabras de las Escrituras son palabras de Dios (así como también

CAPÍTULO 4 · LA AUTORIDAD DE LAS ESCRITURAS

que fueron escritas por hombres)[1]. En el Antiguo Testamento esto se ve frecuentemente en la frase introductoria: «Así dice el Señor», que aparece cientos de veces. En el mundo del Antiguo Testamento esta frase se habría reconocido como idéntica en forma a la frase «Así dice el rey», que se usaba como prefacio en los edictos de un rey a sus súbditos, edicto que no se podía cuestionar o poner en tela de duda sino que simplemente había que obedecer[2]. Así que cuando los profetas dicen: «Así dice el Señor», están afirmando ser mensajeros del Rey soberano de Israel, es decir, Dios mismo, y están afirmando que sus palabras son absolutamente palabras autoritativas de Dios. Cuando el profeta hablaba en el nombre de Dios de esta manera, toda palabra que decía tenía que ser de Dios, o sería un falso profeta (cf. Nm 22:38; Dt 18:18-20; Jer 1:9; 14:14; 23:16-22; 29:31-32; Ez 2:7; 13:1-16).

Es más, se dice que Dios a menudo hablaba «a través» del profeta (1 R 14:18; 16:12, 34; 2 R 9:36; 14:25; Jer 37:2; Zac 7:7, 12). Por tanto, lo que el profeta decía en el nombre de Dios, Dios lo decía (1 R 13:26 con v. 21; 1 R 21:19 con 2 R 9:25-26; Hag 1:12; cf. 1 S 15:3, 18). En estas y otras instancias en el Antiguo Testamento, a las palabras que los profetas dijeron uno puede igualmente referirse como palabras que Dios mismo dijo. Así que no creer o desobedecer algo que el profeta decía era no creer o desobedecer a Dios mismo (Dt 18:19; 1 S 10:8; 13:13-14; 15:3, 19, 23; 1 R 20:35, 36).

Estos versículos, por supuesto, no aducen que *todas* las palabras del Antiguo Testamento son palabras de Dios, porque se refieren solo a secciones específicas de palabras dichas o escritas en el Antiguo Testamento. Pero la fuerza acumulativa de estos pasajes, incluyendo los cientos de ellos que empiezan con «Así dice el Señor», es demostrar que dentro del Antiguo Testamento tenemos registros escritos de palabras que se dicen ser las propias palabras de Dios. Estas palabras, al ser escritas, constituyen grandes secciones del Antiguo Testamento.

En el Nuevo Testamento varios pasajes indican que se pensaba que todos los escritos del Antiguo Testamento eran palabras de Dios. 2 Timoteo 3:16 dice: «Toda la Escritura es inspirada por Dios y útil para enseñar, para reprender, para corregir y para instruir en la justicia»[3]. Aquí «Escritura» (*grafé*) se debe referir a las palabras escritas del Antiguo Testamento, porque eso es a lo que la palabra *grafé* se refiere en cada una de sus cincuenta y una ocasiones en que aparece en el Nuevo Testamento[4]. Es más, Pablo[5] acaba de referirse en el versículo 15 a las «Sagradas Escrituras» del Antiguo Testamento.

Pablo afirma aquí que todos los escritos del Antiguo Testamento son *teopneustós*, «inspirados por Dios». Puesto que son escritos de los que se dice que son «inspirados», esta inspiración se debe entender como una metáfora de pronunciar las palabras de las Escrituras.

---

[1] Por supuesto, no quiero decir que toda palabra de las Escrituras fue dicha audiblemente por Dios mismo, puesto que la Biblia registra las palabras de cientos de diferentes personas, tales como el rey David y Pedro, e incluso el mismo Satanás. Pero sí quiero decir que incluso las citas de otros son informes *de Dios* de lo que dijeron, y, correctamente interpretadas en sus contextos, vienen a nosotros con la autoridad de Dios.

[2] Wayne Grudem, *The Gift of Prophecy in 1 Corinthians* (University Press of America, Lanham, Md., 1982), pp. 12-13; también Wayne Grudem, «Scripture's Self-Attestation», en *Scripture and Truth*, ed. D. A. Carson y J. Woodbridge, pp. 21-22).

[3] Algunos han sugerido una traducción alterna, es decir: «Toda la Escritura inspirada por Dios es también útil para enseñar…». Sin embargo, esta traducción es altamente improbable porque hace del *kai* («también»)

extremadamente incómodo en la oración griega. En el discurso coherente, uno debe decir que algo tiene una característica antes de decir que tiene «también» otra característica. El «también» debe indicar una adición a algo que ya se ha indicado previamente. Así, *teopneustos* («exhalada por Dios») y *ofelimós* («útil») se entienden mejor como adjetivos en predicado, y la mejor traducción es: «Toda la Escritura es inspirada por Dios y es útil para enseñar».

[4] Por lo menos en dos casos, 1Ti 5:18 y 2P 3:16, *grafé* también incluye algunos de los escritos del Nuevo Testamento junto con los escritos del Antiguo Testamento a que se refiere (véase la explicación más adelante).

[5] Doy por sentado la autoría paulina de 1 y 2 Timoteo y Tito en todo este libro. Para ver argumentos recientes que defienden la autoría paulina vea George W. Knight III, *The Pastoral Epistles*, NIGTC (Eerdmans, Grand Rapids, y Carlisle: Paternoster, 1992), pp. 4-54.

Este versículo, pues, indica en forma breve lo que es evidente en muchos pasajes del Antiguo Testamento: se consideran los escritos del Antiguo Testamento como palabras de Dios en forma escrita. Toda palabra del Antiguo Testamento, Dios fue el que la habló (y todavía la habla), aunque él usó agentes humanos para escribir dichas palabras[6].

Una indicación similar del carácter de todos los escritos del Antiguo Testamento como palabras de Dios se halla en 2 Pedro 1:21. Hablando de las profecías de las Escrituras (v. 20), lo que quiere decir por lo menos las Escrituras del Antiguo Testamento a las cuales Pedro anima a sus lectores a prestar atención cuidadosa (v. 19), Pedro dice que ninguna de estas profecías jamás «ha tenido su origen en la voluntad humana, sino que los profetas hablaron de parte de Dios, impulsados por el Espíritu Santo». No es la intención de Pedro negar completamente la voluntad o personalidades humanas en el hecho de escribir las Escrituras (dice que los hombres «hablaron»), sino más bien decir que la fuente suprema de toda profecía nunca fue decisión del hombre respecto a lo que quería escribir, sino más la acción del Espíritu Santo en la vida del profeta, puesta en práctica de maneras no especificadas aquí (o, para el caso, en ninguna parte de la Biblia). Esto indica una creencia de que todas las profecías del Antiguo Testamento (y, a la luz de los versículos 19-20, esto probablemente incluye todas las Escrituras del Antiguo Testamento) son dichas «por Dios»; es decir, son las palabras de Dios mismo.

Muchos otros pasajes del Nuevo Testamento hablan de manera similar en cuanto a secciones del Antiguo Testamento. En Mateo 1:22 se citan las palabras de Isaías 7:14 como: *«lo que el Señor había dicho* por medio del profeta». En Mateo 4:4 Jesús le dice al diablo: «"No sólo de pan vive el hombre, *sino de toda palabra que sale de la boca de Dios"*». En el contexto de las repetidas citas de Deuteronomio que Jesús utiliza para responder a toda tentación, las palabras que proceden «de la boca de Dios» son las Escrituras del Antiguo Testamento.

En Mateo 19:5 Jesús cita las palabras del autor de Génesis 2:24, no atribuidas a Dios en el relato de Génesis, como palabras que Dios «dijo». En Marcos 7:9-13 al mismo pasaje del Antiguo Testamento se le puede llamar intercambiablemente «el mandamiento de Dios», o lo que «Moisés dijo», o «la palabra de Dios». En Hechos 1:16 se dice que las palabras de los salmos 69 y 109 son palabras que «por boca de David, había *predicho el Espíritu Santo»*. Así que se dice que las palabras de las Escrituras son palabras del Espíritu Santo. En Hechos 2:16-17, al citar «lo que anunció el profeta Joel» de Joel 2:28-32, Pedro inserta «dice Dios», atribuyendo de este modo a Dios las palabras escritas por Joel, y afirmando que Dios está diciéndolas en el presente.

Se podrían citar muchos otros pasajes (vea Lc 1:70; 24:25; Jn 5:45-47; Hch 3:18, 21; 4:25; 13:47; 28:25; Ro 1:2; 3:2; 9:17; 1 Co 9:8-10; Heb 1:1-2, 6-7), pero el patrón de atribuir a Dios las palabras de las Escrituras del Antiguo Testamento debe ser muy claro. Es más, en varios lugares se dice que *todas* las palabras de los profetas o las palabras de las

---

[6]Teologías sistemáticas más viejas usan las palabras *inspirada* e *inspiración* para hablar del hecho de que las palabras de las Escrituras fueron dichas por Dios. Esta terminología se basa especialmente en una antigua traducción de 2Ti 3: 2 16, que dice: «Toda la Escritura es inspirada por Dios» (RVR). Sin embargo, la palabra *inspiración* tiene un sentido tan débil en el uso ordinario hoy (todo poeta o compositor aduce estar «inspirado» para escribir, e incluso de los atletas se dice que rindieron un desempeño «inspirado») que no la he usado en este texto. He preferido la traducción de la NVI de 2 Timoteo 3:16: «Toda la Escritura es inspirada por Dios», y he usado otras expresiones para decir que las palabras de las Escrituras son las mismas palabras de Dios. La antigua frase «inspiración *plenaria»* quería decir que todas las palabras de las Escrituras son palabras de Dios (la palabra *plenaria* quiere decir «completa»), hecho que afirmo en este capítulo sin usar la frase.

CAPÍTULO 4 · LA AUTORIDAD DE LAS ESCRITURAS

Escrituras del Antiguo Testamento son para que las creamos o que proceden de Dios (vea Lc 24:25, 27, 44; Hch 3:18; 24:14; Ro 15:4).

Pero si Pablo quería decir solo los escritos del Antiguo Testamento cuando se refirió a «Escrituras» en 2 Timoteo 3:16, ¿cómo se puede aplicar eso a los escritos del Nuevo Testamento por igual? ¿Dice ese pasaje algo en cuanto al carácter de los escritos del Nuevo Testamento? Para responder esa pregunta debemos darnos cuenta de que la palabra griega *grafé* («Escrituras») era un término técnico para los escritos del Nuevo Testamento y tenía un significado muy especializado. Aunque se usa cincuenta y una veces en el Nuevo Testamento, cada una de esas instancias se refiere a escritos del Antiguo Testamento, no a ninguna otra palabra o escritos fuera del canon de las Escrituras. Por tanto, todo lo que pertenecía a la categoría de «Escrituras» tenía el carácter de ser «inspirado por Dios»; sus palabras eran palabras de Dios mismo.

Pero en dos lugares del Nuevo Testamento vemos también que se llama «Escrituras» al Nuevo Testamento a la par de los escritos del Antiguo Testamento. Como notamos en el capítulo 3, en 2 Pedro 3:16 Pedro muestra no solo tener conocimiento de la existencia de Epístolas escritas por Pablo, sino también una clara disposición a clasificar «todas sus epístolas [de Pablo]» con «las otras Escrituras». Esta es una indicación de que muy temprano en la historia de la iglesia cristiana se consideraban todas las Epístolas de Pablo como palabras de Dios escritas en el mismo sentido que se consideraban los textos del Antiguo Testamento. En forma similar, en 1 Timoteo 5:18 Pablo cita las palabras de Jesús según se ve en Lucas 10:7 y las llama «Escrituras»[7].

Estos dos pasajes tomados juntos indican que durante el tiempo en que se estaban escribiendo los documentos del Nuevo Testamento se tenía conciencia de que se estaban haciendo *adiciones* a esta categoría especial de escritos llamados «Escrituras», que eran escritos que tenían el carácter de ser palabras de Dios mismo. Así que una vez que establecemos que un escrito del Nuevo Testamento pertenece a la categoría especial de «Escrituras», tenemos razón para aplicar también 2 Timoteo 3:16 a esos escritos, y decir que también tienen la característica que Pablo atribuye a «todas las Escrituras»: es «inspirada por Dios», y todas sus palabras son palabras de Dios mismo.

¿Hay alguna evidencia adicional de que los escritores del Nuevo Testamento pensaban que sus propios escritos (no simplemente los del Antiguo Testamento) eran palabras de Dios? En algunos casos, las hay. En 1 Corintios 14:37 Pablo dice: «Si alguno se cree profeta o espiritual, reconozca que *esto que les escribo es mandato del Señor*». Pablo aquí ha instituido una serie de reglas para el culto en la iglesia de Corinto y ha afirmado que son «mandatos del Señor», porque la frase que se traduce «esto que les escribo» contiene un pronombre griego plural relativo (*já*) y se traduce más literalmente: «*las cosas* que les escribo son mandatos del Señor».

Una objeción en cuanto a ver las palabras de los escritores del Nuevo Testamento como palabras de Dios se toma a veces de 1 Corintios 7:12, en donde Pablo hace distinción entre sus palabras y las palabras del Señor: «A los demás les digo yo (no es mandamiento del Señor)». Sin embargo, una interpretación apropiada de este pasaje se obtiene

---

[7] Vea capítulo 3, pp. 61-62 para una explicación de 2 P 3:16 y 1 Ti 5:17-18.

de los versículos 25 y 40. En el versículo 25 Pablo dice que no tiene mandamiento del Señor respecto a los solteros sino que está dando su propia opinión. Esto debe querer indicar que él no tenía conocimiento *de nada que Jesús hubiera dicho sobre este tema* y probablemente también que no había recibido ninguna revelación subsecuente de Jesús al respecto. Esto es diferente de la situación del versículo 10, en donde simplemente podría repetir el contenido de la enseñanza terrenal de Jesús: «que la mujer no se separe de su esposo». Por tanto, el versículo 12 debe querer decir que Pablo *no tenía ningún registro de ninguna enseñanza terrenal de Jesús* sobre el tema del creyente casado con una esposa que no era creyente. Por consiguiente, Pablo da sus propias instrucciones: «A los demás *les digo yo (no es mandamiento del Señor):* Si algún hermano tiene una esposa que no es creyente, y ella consiente en vivir con él, que no se divorcie de ella» (1 Co 7:12).

Es impresionante, por consiguiente, que Pablo puede seguir en los versículos 12-15 dando varias normas éticas específicas a los corintios. ¿Qué le dio el derecho de hacer tales mandamientos morales? Él dice que habla «como quien por la misericordia del Señor es digno de confianza» (1 Co 7:25). Parece decir aquí que sus opiniones podían colocarse en el mismo nivel autoritativo de las palabras de Jesús. Por tanto, 1 Corintios 7:12, «a los demás les digo yo (no es mandamiento del Señor)», es una afirmación asombrosamente fuerte de la propia autoridad de Pablo; si él no tenía ninguna palabra de Jesús que se aplicara a alguna situación, usaba las propias, porque sus propias palabras ¡tenían igual autoridad que las palabras de Jesús!

Indicaciones de una noción similar respecto a los escritos del Nuevo Testamento se hallan en Juan 14:26 y 16:13, en donde Jesús prometió que el Espíritu Santo les haría recordar a los discípulos todo lo que él les había dicho y les guiaría a toda la verdad. Esto indica una obra especial de superintendencia del Espíritu Santo por la cual los discípulos podrían recordar y anotar sin error todo lo que Jesús les había dicho. Indicaciones similares se hallan también en 2 Pedro 3:2; 1 Corintios 2:13; 1 Tesalonicenses 4:15, y Apocalipsis 22:18-19.

2. Estamos convencidos de las afirmaciones de la Biblia de que es la Palabra de Dios al leerla. Una cosa es decir que la Biblia *afirma* ser la Palabra de Dios; otra cosa es estar convencido de que esas afirmaciones son ciertas. Nuestra convicción suprema de que las palabras de la Biblia son Palabra de Dios viene solo cuando el Espíritu Santo habla *en* la Biblia y *mediante* las palabras de la Biblia a nuestros corazones y nos da una seguridad interna de que esas son palabras de nuestro Creador. Poco después de que Pablo ha explicado que su discurso apostólico consiste en palabras enseñadas por el Espíritu Santo (1 Co 2:13), dice: «El que no tiene el Espíritu no acepta las cosas que proceden[8] del Espíritu de Dios, pues para él es locura. No puede entenderlo, porque hay que discernirlo espiritualmente» (1 Co 22:14). Sin la obra del Espíritu de Dios, una persona no recibirá verdades espirituales y en particular no recibirá ni aceptará la verdad de que las palabras de las Escrituras son en realidad palabras de Dios.

---

[8]He traducido el versículo «cosas del Espíritu de Dios» porque el texto griego tiene solo el artículo plural definido neutro (*ta*) usado como sustantivo, y no se da ningún nombre específico. De este modo, la traducción de la RSV [en inglés] «los *dones* del Espíritu de Dios» es más restrictiva en materia de asunto que lo que las palabras reales justificarían, y por cierto que el contexto no lo exige.

CAPÍTULO 4 · LA AUTORIDAD DE LAS ESCRITURAS

Pero en las personas en quienes el Espíritu de Dios está obrando hay un reconocimiento de que las palabras de la Biblia son palabras de Dios. Este proceso es estrechamente análogo a aquel por el cual los que creen en Jesús saben que sus palabras son verdad. Él dijo: «Mis ovejas oyen mi voz; yo las conozco y ellas me siguen» (Jn 10:27). Los que son ovejas de Cristo oyen la voz de su gran Pastor al leer las palabras de la Biblia, y se convencen de que estas palabras son en realidad palabras de su Señor.

Es importante recordar que esta convicción de que las palabras de la Biblia son palabras de Dios *no* resulta *aparte de* las palabras de la Biblia ni *en adición a* las palabras de la Biblia. No es como si el Espíritu Santo un día susurrara a nuestro oído: «¿Ves esa Biblia sobre tu escritorio? Quiero que sepas que las palabras de esa Biblia son palabras de Dios». Es más bien que conforme los individuos leen la Biblia oyen la voz de su Creador hablándoles en las palabras de la Biblia y se dan cuenta de que el libro que están leyendo es diferente a cualquier otro, que es en verdad un libro con palabras de Dios que hablan a su corazón.

3. Otra evidencia es útil pero no definitivamente convincente. La sección previa no tiene el propósito de negar la validez de otra clase de argumentos que se puedan usar para respaldar la afirmación de que la Biblia es la Palabra de Dios. Es útil que aprendamos que la Biblia es históricamente exacta, que es internamente congruente, que contiene profecías que se han cumplido cientos de años más tarde, que ha influido en el curso de la historia humana más que cualquier otro libro, que continuamente ha cambiado la vida de millones de individuos en toda su historia, que por ella las personas hallan la salvación, que tiene una belleza majestuosa y profundidad de enseñanza que ningún otro libro iguala, y que afirma cientos de veces que las palabras que allí aparecen son palabras del mismo Dios. Todos estos argumentos, y otros, son útiles para nosotros y eliminan los obstáculos que pudieran interponerse para que creamos la Biblia. Pero todos estos argumentos, tomados individualmente o en conjunto, no pueden ser definitivamente convincentes. Como dice la Confesión Westminster de fe en 1643-46:

> El testimonio de la iglesia puede impulsarnos e inducirnos a una estimación más alta y reverente de las Sagradas Escrituras. Lo celestial del asunto, la eficacia de la doctrina, la majestad del estilo, el consentimiento de todas partes, el alcance del todo (que es, dar toda gloria a Dios), la plena revelación que hace del único camino de salvación para el hombre, las muchas otras excelencias incomparables, y la perfección entera consiguiente, son argumentos por los que en efecto da evidencia de ser la Palabra de Dios; sin embargo, nuestra persuasión completa y seguridad de la verdad infalible y consiguiente autoridad divina, brota de la obra interna del Espíritu Santo que da testimonio a nuestros corazones por la palabra de Dios y con la palabra de Dios (cap. 1).

4. Las palabras de la Biblia son autoatestiguadoras. Así que las palabras de la Biblia son «autoatestiguadoras». No se puede «probar» que son palabras de Dios apelando a una autoridad más alta. Porque si se apelara a una autoridad más alta (digamos, precisión histórica o congruencia lógica) para probar que la Biblia es la Palabra de Dios, la Biblia en sí misma no sería nuestra autoridad más alta o absoluta; estaría subordinada en autoridad a aquello a lo que apelamos para probar que es la Palabra de Dios. Si en última instancia apelamos a la razón humana, o a la lógica, o a la exactitud histórica, o a la verdad científica, como la autoridad por la cual se demuestra que la Biblia es la Palabra de Dios, damos por sentado que aquello a lo que apelamos es una autoridad más alta que la Palabra de Dios, y más verdadera y más confiable.

5. Objeción: Esto es un argumento circular. Alguien podría objetar que decir que la Biblia demuestra por sí misma que es la Palabra de Dios es usar un argumento circular: creemos que la Biblia es la Palabra de Dios porque ella misma afirma serlo; y creemos sus afirmaciones porque es la Palabra de Dios; y creemos que es la Palabra de Dios porque afirma serlo, y así por el estilo.

Hay que reconocer que este es una especie de argumento circular. Sin embargo, eso no invalida su uso, porque todos los argumentos a favor de una autoridad absoluta deben en última instancia apelar a esa autoridad como prueba; de otra manera su autoridad no sería absoluta ni sería la autoridad más alta. Este problema no es exclusivo del creyente que afirma la autoridad de la Biblia. Todos, bien sea implícita o explícitamente, usan algún tipo de argumento circular al defender su autoridad suprema en cuestiones de fe.

Aunque estos argumentos circulares no siempre se hacen explícitamente y a veces se ocultan detrás de prolongados debates, o simplemente se dan por sentado sin prueba, los argumentos a favor de una autoridad suprema en su forma más básica hacen una apelación circular semejante a la autoridad en sí misma, como muestran los siguientes ejemplos:

«Mi razón es mi suprema autoridad porque me parece razonable que sea así».

«La congruencia lógica es mi autoridad suprema porque es lógico que lo sea».

«Lo que descubren las experiencias sensoriales humanas son la autoridad suprema para descubrir lo que es real y lo que no lo es, porque nuestros sentidos humanos jamás han descubierto ninguna otra cosa; así que la experiencia sensorial humana me dice que mi principio es verdad».

«Sé que no puede haber una autoridad suprema porque no sé de ninguna autoridad suprema que lo sea».

En todos estos argumentos por una norma suprema de verdad, una autoridad absoluta para lo que se cree, interviene un elemento circular[9].

¿Cómo escoge el creyente, o cualquier otra persona, entre las varias afirmaciones de autoridad absoluta? Al fin y al cabo la veracidad de la Biblia evidencia que es un libro mucho más persuasivo que otros libros religiosos (tales como el *Libro de Mormón* o el *Corán*), o que cualquier otra construcción intelectual de la mente humana (tal como la

---

[9]Este punto lo hace bien John M. Frame, «God and Biblical Language: Transcendence and Immanence», en *God's Inerrant Word*, ed. John Warwick Montgomery (Minneapolis: Bethany Fellowship, 1974), pp. 159-77. Vea también en J. P. Moreland, «The Rationality of Belief in Inerrancy», *TrinJ* 7:1 (1986), 75-86, una explicación útil de la manera de llegar a convicciones sobre asuntos de significación principal en nuestra vida.

lógica, la razón humana, la experiencia sensorial, la metodología científica, etc.). Será más persuasivo porque en la experiencia real de la vida todos los otros candidatos a autoridad suprema parecen incongruentes o tienen limitaciones que los descalifican, en tanto que la Biblia está en pleno acuerdo con todo lo que sabemos respecto al mundo que nos rodea, nosotros mismos y Dios.

La Biblia sería persuasiva en esta manera: si pensamos como es debido en cuanto a la naturaleza de la realidad, nuestra percepción de ella y de nosotros mismos, y nuestra percepción de Dios. El problema es que debido al pecado, nuestra percepción y análisis de Dios y la creación es defectuosa. El pecado en última instancia es irracional, y el pecado nos hace pensar incorrectamente en cuanto a Dios y en cuanto a la creación. Por consiguiente, en un mundo libre de pecado la Biblia convencería a todos de que es la Palabra de Dios; pero debido a que el pecado distorsiona la percepción que las personas tienen de la realidad, no reconocen a la Biblia por lo que es en realidad. Por tanto, se requiere que la obra del Espíritu Santo supere los efectos del pecado y nos permita persuadirnos de que la Biblia en verdad es la Palabra de Dios, y que lo que afirma respecto a sí misma es verdad.

Así que en otro sentido, el argumento en cuanto a la Biblia como Palabra de Dios y como nuestra autoridad suprema *no* es un argumento circular típico. El proceso de persuasión tal vez es mejor verlo como una espiral, en la cual el conocimiento creciente de la Biblia y una creciente comprensión correcta de Dios y la creación tienden a suplementarse una a otra de una manera armoniosa, y cada una tiende a confirmar la exactitud de la otra. Esto no es decir que nuestro conocimiento del mundo que nos rodea es una autoridad más alta que la Biblia, sino más bien que tal conocimiento, si es correcto, continúa dando una seguridad cada vez mayor y una convicción más profunda de que la Biblia es la única verdadera autoridad suprema, y que todas las demás afirmaciones que compiten por la autoridad suprema son falsas.

6. Esto no implica que el dictado de Dios haya sido el único medio de comunicación. La parte previa de este capítulo ha sostenido que todas las palabras de la Biblia son de Dios. En este punto es necesaria una llamada de precaución. El hecho de que todas las palabras de la Biblia sean de Dios no debe llevarnos a pensar que Dios dictó a los autores humanos todas las palabras de las Escrituras.

Cuando decimos que todas las palabras de la Biblia son palabras de Dios, estamos hablando del *resultado* del proceso de hacer que la Biblia llegue a existir. Levantar la cuestión del dictado es preguntar en cuanto al *proceso* que condujo a ese resultado, o a la manera en que Dios actuó a fin de asegurar el resultado que él se proponía[10]. Hay que recalcar que la Biblia no habla solo de un tipo de proceso ni solo de una manera por la que Dios comunicó a los autores bíblicos lo que quería que se dijera. Es más, hay indicación de *una amplia variedad de procesos* que Dios usó para producir el resultado deseado.

---

[10] En algunas teologías sistemáticas, a este proceso por el cual Dios usó autores humanos para escribir sus propias palabras se le llama «modo de inspiración». Yo no he usado esa terminología en este libro, puesto que no parece ser una frase fácilmente entendible hoy.

Unos pocos casos esporádicos de dictado se mencionan explícitamente en la Biblia. Cuando el apóstol Juan vio en una visión en la isla de Patmos al Señor resucitado, Jesús le dijo: «*Escribe* al ángel de la iglesia de Éfeso» (Ap 2:1); «*Escribe* al ángel de la iglesia de Esmirna» (Ap 2:8); «*Escribe* al ángel de la iglesia de Pérgamo» (Ap 2:12). Estos son ejemplos de dictado puro y directo. El Señor resucitado le dice a Juan que escriba, y Juan escribe las palabras que oyó de Jesús.

Algo afín a este proceso se ve probablemente en forma ocasional en los profetas del Antiguo Testamento. Leemos en Isaías: «Entonces la palabra del Señor vino a Isaías: «Ve y dile a Ezequías que así dice el Señor, Dios de su antepasado David: "He escuchado tu oración y he visto tus lágrimas; voy a darte quince años más de vida. Y a ti y a esta ciudad los libraré de caer en manos del rey de Asiria. Yo defenderé esta ciudad» (Is 38:4-6). El cuadro que se nos da en este relato es que Isaías oyó (es difícil decir si fue con su oído físico o mediante una impresión muy contundente en su mente) las palabras que Dios quiso que le dijera a Ezequías; e Isaías, actuando como mensajero de Dios, tomó esas palabras y *las dijo* tal como se le instruyó.

Pero en muchas otras secciones de la Biblia tal dictado directo de Dios ciertamente no fue la manera en que las palabras de la Biblia llegaron a existir. El autor de Hebreos dice que Dios les habló a nuestros padres por los profetas «muchas veces y de varias maneras» (Heb 1:1). En el extremo opuesto del espectro del dictado tenemos, por ejemplo, la investigación histórica ordinaria de Lucas para escribir su evangelio. Él dice:

> Muchos han intentado hacer un relato de las cosas que se han cumplido entre nosotros, tal y como nos las transmitieron los que desde el principio fueron testigos presenciales y servidores de la palabra. Por lo tanto, yo también, excelentísimo Teófilo, habiendo investigado todo esto con esmero desde su origen, he decidido escribírtelo ordenadamente. (Lc 1:1-3)

Claro, esto no es un proceso de dictado. Lucas usó procesos ordinarios como conversar con testigos oculares y reunir información histórica a fin de poder escribir un relato preciso de la vida y enseñanzas de Jesús. Hizo su investigación histórica a cabalidad, escuchando los informes de muchos testigos oculares y evaluando con todo cuidado la evidencia. El evangelio que escribió martilla lo que él pensó importante recalcar y refleja su estilo característico al escribir.

Entre estos dos extremos de dictado puro y sencillo por un lado, y la investigación histórica ordinaria por el otro, tenemos muchas indicaciones de varias maneras por las que Dios se comunicó con los autores humanos de la Biblia. En algunos casos, la Biblia nos da indicios de estos diferentes procesos: habla de sueños, visiones, de oír la voz de Dios, de estar en el concilio del Señor; también habla de hombres que estuvieron con Jesús y observaron su vida y oyeron su enseñanza, hombres cuyo recuerdo de estas palabras y obras fue resultado por completo de la obra del Espíritu Santo al recordarles todas estas cosas (Jn 14:26). Sin embargo, en muchos otros casos simplemente no se nos dice la manera que Dios usó para producir el resultado de que las palabras de la Biblia fueran sus propias palabras. Evidentemente se usaron muchos métodos diferentes, pero no es importante que descubramos precisamente cuáles fueron en cada caso.

CAPÍTULO 4 · LA AUTORIDAD DE LAS ESCRITURAS

Cuando intervino la personalidad humana ordinaria y el estilo de redacción del autor en forma prominente, como parece ser el caso de la mayor parte de la Biblia, todo lo que podemos decir es que la providencial supervisión y dirección de Dios en la vida de cada autor fue tal que sus personalidades, su trasfondo y educación, su capacidad de evaluar los acontecimiento del mundo que los rodeaban, su acceso a información histórica, su juicio respecto a la exactitud de la información, y sus circunstancias individuales cuando escribieron[11], eran exactamente lo que Dios quería que fueran, de modo que cuando llegó el momento preciso de poner la pluma sobre el papel, las palabras eran plenamente sus palabras, pero también, y plenamente, las palabras que Dios quería que escribieran, palabras que Dios afirmaría que eran las suyas propias.

B. Por consiguiente, no creer o desobedecer alguna palabra de la Biblia es no creer o desobedecer a Dios

La sección precedente afirma que todas las palabras de la Biblia son palabras de Dios. Consecuentemente, no creer o desobedecer alguna palabra de la Biblia es no creer o desobedecer a Dios mismo. Así, Jesús puede reprender a sus discípulos por no creer las Escrituras del Antiguo Testamento (Lc 24:25). Los creyentes deben guardar y obedecer las palabras de los discípulos (Jn 15:20: «Si han obedecido mis enseñanzas, también obedecerán las de ustedes»). A los creyentes se les anima a recordar «el mandamiento que dio nuestro Señor y Salvador por medio de los apóstoles» (2 P 3:2). Desobedecer lo que Pablo escribe era acarrearse la disciplina eclesiástica, tal como la excomunión (2 Ts 3:14) y el castigo espiritual (2 Co 13:2-3), incluyendo castigo de Dios (este es el sentido evidente del verbo pasivo «será reconocido» en 1 Co 14:38). En contraste, Dios se deleita en todo el que «tiembla» ante su palabra (Is 66:2).

En toda la historia de la iglesia, los grandes predicadores han sido los que han reconocido que no tienen autoridad en sí mismos y han visto su tarea como la de explicar las palabras de la Biblia y aplicarlas claramente a la vida de sus oyentes. Su predicación ha derivado su poder no de la proclamación de sus propias experiencias cristianas ni de las experiencias de otros, ni tampoco de sus propias opiniones, ideas creativas o habilidad retórica, sino de las palabras poderosas de Dios[12]. Esencialmente se pararon en el púlpito, señalaron el texto bíblico, y en efecto le dijeron a la congregación: «Esto es lo que significa este versículo. ¿Ven ustedes también ese significado aquí? Entonces deben creerlo y obedecerlo de todo corazón, porque Dios mismo, su Creador y Señor, ¡se lo está diciendo hoy mismo!» Solo las palabras escritas de la Biblia pueden dar esta clase de autoridad a la predicación.

C. La veracidad de las Escrituras

1. Dios no puede mentir ni hablar falsedades. La esencia de la autoridad de la Biblia es que puede obligarnos a creerla y a obedecerla, y a hacer que tal creencia y obediencia

---

[11]Esto también incluiría incluso la influencia de un secretario (técnicamente llamado amanuense) en la redacción de un libro: vea el saludo de Tercio en Ro 16:22.

[12]No estoy negando que la buena capacidad para hablar o creatividad, o la narración de experiencias personales, tengan lugar en la predicación, porque la buena predicación incluirá todo esto (vea Pr 16:21, 23). Lo que estoy diciendo es que el poder de cambiar vidas debe venir de la palabra de Dios mismo, y eso será evidente a los oyentes cuando el predicador realmente lo cree.

sean equivalentes a creer y obedecer a Dios mismo. Debido a que esto es así, es necesario considerar la veracidad de la Biblia, puesto que creer todas las palabras de la Biblia implica confianza en la completa veracidad de las Escrituras en que creemos. Aunque se tratará este asunto más completamente cuando consideremos la inerrancia de la Biblia (vea capítulo 5), aquí daremos una breve consideración.

Puesto que los escritores bíblicos repetidamente afirman que las palabras de la Biblia, aunque humanas, son palabras de Dios, es apropiado buscar versículos bíblicos que hablen del *carácter de las palabras de Dios* y aplicarlos al carácter de las palabras de la Biblia. Específicamente, hay una serie de pasajes bíblicos que hablan de la veracidad de lo que Dios dice. Tito 1:2 habla de «Dios, que no miente», o (traducido más literalmente) «el Dios sin mentira». Debido a que Dios es un Dios que no puede decir «mentira», siempre se puede confiar en sus palabras. Puesto que todas las Escrituras son dichas por Dios, todas las Escrituras deben ser «sin mentira», tal como Dios mismo lo es; no puede haber falsedad en las Escrituras[13].

Hebreos 6:8 menciona dos cosas inmutables (el juramento de Dios y su promesa) «en las cuales *es imposible que Dios mienta»*. Aquí el autor no dice solo que Dios no miente, sino que no es posible que mienta. Aunque la referencia inmediata es solo a juramento y promesas, si es imposible que Dios mienta en estos pronunciamientos, ciertamente es imposible que él mienta jamás (porque Jesús con rigor reprende a los que dicen la verdad solo cuando están bajo juramento: Mt 5:33-37; 23:16-22). De modo similar, David dice de Dios: «¡Tú eres Dios, y *tus promesas son fieles!»* (2 S 7:28).

2. Por consiguiente, todas las palabras de la Biblia son completamente verdad y sin error en parte alguna. Puesto que las palabras de la Biblia son palabras de Dios, y puesto que Dios no puede mentir ni decir falsedades, es correcto concluir que no hay falsedad ni error en parte alguna de las Escrituras. Encontramos esta afirmación en varios lugares de la Biblia. «Las *palabras del Señor son puras,* plata refinada en un horno en el suelo, purificada siete veces» (Sal 12:6, traducción del autor). Aquí el salmista usa imágenes vivas para hablar de la pureza no diluida de las palabras de Dios; no hay imperfección en ellas. También en Proverbios 30:5 leemos: «*Toda palabra de Dios es digna de crédito;* Dios protege a los que en él buscan refugio». No es que algunas de las palabras de las Escrituras son verdad, sino que toda palabra es verdad. De hecho, la palabra de Dios está fija en el cielo por toda la eternidad: «Tu palabra, Señor, es eterna, y *está firme en los cielos»* (Sal 119:89). Jesús puede hablar de la naturaleza eterna de sus propias palabras: «El cielo y la tierra pasarán, pero mis palabras jamás pasarán» (Mt 24:35). Lo que Dios habla se coloca en marcado contraste con todo lo que dicen los humanos, porque «Dios no es un simple mortal para mentir y cambiar de parecer» (Nm 23:19). Estos versículos afirman explícitamente lo que estaba implícito en el requisito de que creamos todas las palabras de la Biblia, es decir, que no hay falsedad en ninguna de las afirmaciones de la Biblia.

---

[13]Algunos eruditos objetan que es «demasiado simplista» argumentar síguelo siguiente: «La Biblia es la palabra de Dios. Dios nunca miente. Por consiguiente la Biblia nunca miente». Sin embargo, es precisamente esa clase de argumento lo que Pablo usa en Tito 1:2. Se refiere a la promesa de vida eterna hecha «antes de la creación» en las Escrituras y dice que las promesas fueron hechas por Dios «que nunca miente». De este modo apela a la veracidad de las propias palabras de Dios para probar la veracidad de las palabras de las Escrituras. Este argumento puede ser «simple», pero es bíblico, y es verdad. Por consiguiente no debemos titubear para aceptarlo y usarlo.

3. Las palabras de Dios son la norma última de verdad. En Juan 17 Jesús ora al Padre: «Santifícalos en la verdad; tu palabra es la verdad» (Jn 17:17). Este versículo es interesante porque Jesús no usa los adjetivos *aletzinos* o *aletzes* («verdadero») que uno esperaría, para decir «tu palabra es verdadera»; sino que más bien usa un sustantivo: *aletzeia* («verdad») para decir que la palabra de Dios no es simplemente «verdadera» sino que es la verdad misma.

La diferencia es significativa, porque esta afirmación nos anima a pensar no solo que la Biblia es «verdadera» en el sentido de que se ajusta a alguna norma más alta de verdad, sino más bien a pensar que la Biblia en sí misma es la norma definitiva de la verdad. La Biblia es la Palabra de Dios, y la Palabra de Dios es la definición suprema de lo que es verdadero y lo que no es verdadero: la palabra de Dios en sí misma es *verdad*. Así que debemos pensar que la Biblia es la suprema norma de verdad, el punto de referencia por el cual se debe medir toda otra afirmación de veracidad. Las afirmaciones que se ajustan a las Escrituras son «verdaderas», en tanto que las que no se ajustan a la Biblia no son verdaderas.

¿Qué es, entonces, verdad? Verdad es lo que Dios dice, y tenemos lo que Dios dice (exacta pero no exhaustivamente) en la Biblia.

4. ¿Podría alguna vez algún nuevo hecho contradecir la Biblia? ¿Se descubrirá alguna vez algún nuevo hecho científico o histórico que contradiga a la Biblia? Aquí podemos decir con confianza que eso nunca sucederá; es más, es imposible. Si se descubriera algún supuesto «hecho» que se diga que contradice a la Biblia, entonces (si hemos entendido correctamente la Biblia) ese «hecho» debe ser falso, porque Dios, el autor de las Escrituras, conoce todos los hechos verdaderos (pasados, presentes y futuros). No aparecerá jamás ningún hecho que Dios no haya sabido desde antes de la creación y tomado en cuenta cuando hizo que se escribieran las Escrituras. Todo hecho verdadero es algo que Dios ha conocido ya desde la eternidad y algo que por consiguiente no puede contradecir lo que Dios dice en la Biblia.

No obstante, se debe recordar que el estudio científico o histórico (tanto como otras clases de estudios de la creación) puede llevarnos a volver a examinar la Biblia para ver si en realidad enseña lo que se piensa que enseña. La Biblia por cierto no enseña que la tierra fue creada en el año 4004 a.C., como una vez se pensaba (porque las listas genealógicas de la Biblia tienen lagunas). Sin embargo, fue en parte el estudio histórico, arqueológico, astronómico y geológico lo que hizo que los cristianos volvieran a examinar la Biblia para ver si en realidad enseñaba un origen tan reciente de la tierra. El análisis cuidadoso del texto bíblico mostró que en realidad no enseña eso.

De forma similar, la Biblia no enseña que el sol gira alrededor de la tierra, porque solo usa descripciones de los fenómenos según los vemos a simple vista y no pretende describir el teje y maneje del universo desde algún punto arbitrario «fijo» en algún lugar del espacio. Sin embargo, antes de que el estudio de astronomía avanzara lo suficiente como para demostrar la rotación de la tierra sobre su eje, la gente *daba por sentado* que la Biblia enseñaba que el sol giraba alrededor de la tierra. Después, el estudio de la información científica motivó a un nuevo examen de los apropiados textos bíblicos. Así que siempre que nos veamos frente a algo que se diga que contradice a la Biblia, debemos no solo examinar la información que se aduce que demuestra el hecho en cuestión, sino también debemos volver a examinar los textos bíblicos apropiados para ver si la Biblia de veras enseña lo que se creía que enseñaba.

Nunca debemos temer, sino más bien siempre recibir con beneplácito cualquier nuevo hecho que se pueda descubrir en cualquier ámbito legítimo de investigación o estudio humanos. Por ejemplo, los descubrimientos de los arqueólogos que trabajaban en Siria han sacado a la luz las tablas Ebla. Estos registros extensos escritos en el período alrededor de 2000 a.C. a la larga arrojarán gran luz sobre nuestra comprensión del mundo de los patriarcas y los hechos conectados con la vida de Abraham, Isaac y Jacob. ¿Deben los cristianos albergar alguna aprehensión de que la publicación de tal información demostrará que algún hecho de Génesis es incorrecto? ¡Ciertamente no! Debemos con anhelo esperar la publicación de toda esa información con la confianza absoluta de que si se entiende correctamente será congruente con la Biblia, y confirmará totalmente la exactitud de las Escrituras. Ningún hecho verdadero jamás contradecirá las palabras del Dios que lo sabe todo y nunca miente.

D. Las Escrituras son la autoridad definitiva

Es importante darse cuenta de que la forma final en que las Escrituras siguen siendo autoritativas es su forma *escrita*. Fueron las palabras de Dios *escritas* en las tablas de piedra que Moisés depositó en el arca del pacto. Más adelante Dios ordenó a Moisés y a los profetas después de este que escribieran sus palabras en un libro. Fue acerca de las Escrituras (*grafé*) que Pablo dijo que eran «inspirada por Dios» (2 Ti 3:16). De modo similar, los *escritos* de Pablo son «mandato del Señor» (1 Co 14:37) y se podían incluir en «las otras Escrituras» (2 P 3:16).

Esto es importante porque algunos, a veces (intencionalmente o no), intentan sustituir algunas que otras palabras de la Biblia. Por ejemplo, algunos a veces se refieren a «lo que Jesús realmente dijo» y aducen que cuando traducimos las palabras griegas de los evangelios de nuevo al arameo que Jesús habló, podemos obtener una mejor comprensión de las palabras de Jesús que las que dan los escritores de los evangelios. De hecho, a veces se dice que este trabajo de reconstruir las palabras de Jesús en arameo nos permite corregir las traducciones erróneas que hicieron los autores de los evangelios.

En otros casos hay quienes han aducido saber «lo que Pablo realmente pensaba» aun cuando sea diferente del significado de las palabras que escribió; o han hablado de «lo que Pablo debía haber dicho si hubiera sido congruente con el resto de su teología». De modo similar, otros han hablado de «la situación de la iglesia a la cual Mateo escribió» y han intentado dar fuerza normativa bien sea a esa situación o a la solución que piensan que Mateo estaba intentando ofrecer en esa situación. En todos estos casos debemos reconocer que preguntar respecto a las palabras o situaciones que están «en el trasfondo» del texto de las Escrituras puede a veces ser útil para comprender lo que ese texto significa. Sin embargo, nuestras reconstrucciones hipotéticas de todas esas palabras y situaciones nunca pueden reemplazar ni competir con la Biblia misma como autoridad final, ni debemos permitirles contradecir o poner en tela de duda la exactitud de alguna de las palabras de la Biblia. Debemos continuamente recordar que tenemos en la Biblia las mismas palabras de Dios, y no debemos tratar de «mejorarlas» de ninguna manera, porque eso no se puede hacer. Más bien, debemos procurar entenderlas y entonces confiar en ellas, así como obedecerlas de todo corazón.

PREGUNTAS PARA APLICACIÓN PERSONAL

1. Si usted quiere persuadir a alguien de que la Biblia es la Palabra de Dios, ¿qué querría usted que esa persona leyera más que cualquier otra pieza de literatura?

2. ¿Quién intentaría que las personas no quieran creer algo de la Biblia, o desobedezcan su palabra? ¿Hay algo en la Biblia que usted quisiera no creer u obedecer? Si sus respuestas a alguna de las dos preguntas son positivas, ¿cuál es el mejor método para lidiar y tratar con los deseos que usted tiene en relación con todo eso?

3. ¿Sabe usted de algún hecho demostrado en toda la historia que ha evidenciado que algo en la Biblia es falso? ¿Se puede decir eso respecto a otros escritos religiosos tales como el *Libro de Mormón* o el *Corán*? Si usted ha leído otros libros como estos, ¿puede describir el efecto espiritual que ejercieron en usted? Compare eso con el efecto espiritual que surtió en usted la lectura de la Biblia. ¿Puede decir que al leer la Biblia usted oye la voz de su Creador hablándole de una manera que no encuentra en ningún otro libro?

4. ¿Alguna vez se halla creyendo algo no porque tiene evidencia externa sino simplemente porque está escrito en la Biblia? ¿Es esa fe apropiada, según Hebreos 11:1? Si usted cree algo simplemente porque la Biblia lo dice, ¿qué piensa que Cristo le dirá respecto a este hábito cuando usted esté frente a su tribunal? ¿Piensa usted que confiar y obedecer todo lo que la Biblia afirma le llevará a pecar o le alejará de la bendición de Dios en su vida?

TÉRMINOS ESPECIALES

argumento circular
autoatestiguadora
autoridad absoluta
autoridad de la Biblia
Biblia

dictado
Escrituras
inspirada por Dios
inspiración
inspiración plenaria

BIBLIOGRAFÍA

Carson, D. A., y John Woodbridge, eds. *Hermeneutics, Authority, and Canon*. Zondervan, Grand Rapids, 1986.
———. *Scripture and Truth*. Zondervan, Grand Rapids, 1983.
Geisler, Norman L., ed. *Inerrancy*. Zondervan, Grand Rapids, 1980.
Grudem, Wayne A. *The Gift of Prophecy in 1 Corinthians*. University Press of America, Washington, D.C. 1982, pp. 1–54.
Helm, Paul. *The Divine Revelation: The Basic Issues*. Crossway, Westchester, Ill., 1982.
Henry, Carl F.H. «Bible, Inspiration of». En *EDT* pp. 145–49.
Kuyper, Abraham. *Principles of Sacred Theology*. Trad. por J. H. de Vries. Repr. ed. Eerdmans, Grand Rapids, 1968, pp. 413–563 (publicado primero como *Encyclopedia of Sacred Theology* en 1898). Montgomery, John W., ed. *God's Inerrant Word*. Bethany Fellowship, Minneapolis, 1974.
Nash, Ronald H. *The Word of God and the Mind of Man*. Zondervan, Grand Rapids, 1982.
Packer, J. I. *"Fundamentalism" and the Word of God*. Inter-Varsity Press, SCM, Londres, 1958.
———. «Infallibility and Inerrancy of the Bible». En *NDT* pp. 337–39.
———. «Scripture». En NDT pp. 627–31.
Pinnock, Clark. *Biblical Revelation*. Moody, Chicago, 1971.
Radmacher, Earl D., y Robert D. Preus, eds. *Hermeneutics, Inerrancy, and the Bible*. Zondervan, Grand Rapids, 1984.
Van Til, Cornelius. *In Defense of the Faith vol. 1: The Doctrine of Scripture*. Den Dulk Christian Foundation, Ripon, Calif., 1967.
———. *In Defense of the Faith vol. 5: An Introduction to Systematic Theology*. Presbyterian and Reformed, Phillipsburg, N.J., 1976, pp. 110–58.
Warfield, B.B. *Limited Inspiration*. Presbyterian and Reformed, Filadelfia, 1962.
Wells, Paul. *James Barr and the Bible: Critique of a New Liberalism*. Presbyterian and Reformed, Phillipsburg, N. J., 1980.
Wenham, John W. *Christ and the Bible*. Tyndale Press, SCM, Londres, 1972.
Woodbridge, John. *Biblical Authority: A Critique of the Rogers/McKim Proposal*. Zondervan, Grand Rapids, 1982.
Westminster Seminary Faculty. *The Infallible Word*. 3ª ed. Presbyterian and Reformed, Filadelfia, 1967.
Young, Edward J. *Thy Word Is Truth*. Eerdmans, Grand Rapids, 1957.

Obras desde una perspectiva de inerrancia

Baillie, John. *The Idea of Revelation in Recent Thought*. Columbia University Press, Nueva York, 1956.
Barr, James. *Fundamentalism*. SCM, SCM, Londres, 1977.
Beegle, Dewey M. *Scripture, Tradition, and Infallibility*. Eerdmans, Grand Rapids, 1973.
Berkouwer, G. C. *Holy Scripture*. Trad. por Jack B. Rogers. Eerdmans, Grand Rapids, 1975.

Burtchaell, James Tunstead. *Catholic Theories of Biblical Inspiration Since 1810: A Review and Critique*. University Press, Cambridge, 1969.
Davis, Stephen T. *The Debate About the Bible*. Westminster, Filadelfia, 1977.
McKim, Donald K., ed. *The Authoritative Word: Essays on the Nature of Scripture*. Eerdmans, Grand Rapids, 1983.
Pinnock, Clark. *The Scripture Principle*. Harper and Row, San Francisco, 1984.
Rogers, Jack, ed. *Biblical Authority*. Word, Waco, TX, 1977.
Rogers, Jack, and Donald K. McKim. *The Authority and Interpretation of the Bible: An Historical Approach*. Harper and Row, San Francisco, 1979.
Vawter, Bruce. *Biblical Inspiration*. Westminster, Filadelfia:1972 (obra católica romana reciente).

PASAJE BÍBLICO PARA MEMORIZAR

2 Timoteo 3:16: *Toda la Escritura es inspirada por Dios y útil para enseñar, para reprender, para corregir y para instruir en la justicia.*

HIMNO

«Las promesas de Jesús»

Todas las promesas del Señor Jesús
Son apoyo poderoso de mi fe;
Mientras luche aquí buscando yo su luz,
Siempre en sus promesas confiaré.

Coro:
Grandes, fieles,
Las promesas que el Señor Jesús ha dado.
Grandes, fieles,
En ellas para siempre confiaré.

Todas sus promesas para el hombre fiel,
El Señor en sus bondades cumplirá,
Y confiado sé que, para siempre, en Él
Paz eterna mi alma gozará.

Todas las promesas del Señor serán
Gozo y fuerza en nuestra vida terrenal;
Ellas en la dura lid nos sostendrán,
Y triunfar podremos sobre el mal.

AUTOR: R. KELSO CARTER 1886, TRAD. VICENTE MENDOZA
(TOMADO DEL HIMNARIO BAUTISTA, #331)

Capítulo 5

LA INERRANCIA DE LAS ESCRITURAS

¿Hay algún error en la Biblia?

La mayoría de los libros de teología sistemática no han incluido un capítulo sobre la inerrancia de la Biblia. Por lo general se ha tratado el tema bajo el encabezamiento de autoridad de la Biblia, o no se ha considerado necesaria una explicación adicional. Sin embargo, la cuestión de la inerrancia es de tal preocupación en el mundo evangélico de hoy que amerita un capítulo aparte a continuación de nuestra consideración de la autoridad de la Palabra de Dios.

EXPLICACIÓN Y BASE BÍBLICA

A. Significado de la inerrancia

No vamos a repetir aquí los argumentos respecto a la autoridad de la Biblia que se dieron en el capítulo 4. Allí se indicó que todas las palabras de la Biblia son palabras de Dios, y por consiguiente no creer o desobedecer alguna palabra de la Biblia es no creer o desobedecer a Dios. Se explicó además que la Biblia claramente enseña que Dios no puede mentir ni hablar falsedades (2 S 7:28; Tit 1:2; Heb 6:18). Por consiguiente, se afirmó que todas las palabras de la Biblia son completamente verdaderas y sin error en ninguna parte (Nm 23:19; Sal 12:6; 119:89, 96; Pr 30:5; Mt 24:35). Las palabras de Dios son, de hecho, la suprema norma de verdad (Jn 17:17).

Especialmente relevante en este punto son los pasajes bíblicos que indican la total veracidad y confiabilidad de las palabras de Dios. «Las *palabras del Señor son puras,* plata refinada en un horno en el suelo, purificada siete veces» (Sal 12:6, traducción del autor), indican la absoluta confiabilidad y pureza de la Biblia. De modo similar, *«Toda palabra de Dios es digna de crédito;* Dios protege a los que en él buscan refugio» (Pr 30:5), indican la veracidad de toda palabra que Dios ha dicho. Aunque el error o al menos una falsedad parcial puede caracterizar el habla de todo ser humano, el habla de Dios se caracteriza por jamás ser falsa y jamás cometer errores, ni siquiera cuando habla por medio de seres humanos pecadores: «Dios no es un simple mortal para mentir y cambiar de parecer» (Nm 23:19) fue dicho por el pecador Balaam específicamente en cuanto a las palabras proféticas que Dios había hablado mediante sus propios labios.

Con evidencia como esta ahora estamos en posición de definir la inerrancia bíblica: *La inerrancia de la Biblia significa que en los manuscritos originales la Biblia no afirma nada que sea contrario a la verdad.*

Esta definición enfoca la cuestión de la veracidad y falsedad del lenguaje de la Biblia. La definición en términos sencillos simplemente quiere decir que *la Biblia siempre dice la verdad* y que siempre dice la verdad *respecto a todo de lo que habla*. Esta definición no quiere decir que la Biblia nos dice todo lo que se pudiera saber en cuanto a cualquier tema, pero sí afirma que lo que dice en cuanto a cualquier tema es *verdad*.

Es importante darse cuenta desde el principio de esta consideración que el enfoque de esta controversia recae sobre la cuestión de veracidad al expresarse. Hay que reconocer que la veracidad absoluta en lo que se dice es congruente con otros tipos de afirmaciones, tales como las siguientes:

1. La Biblia puede ser inerrante y con todo hablar en el lenguaje ordinario de todos los días. Esto es especialmente cierto en las descripciones «científicas» o «históricas» de hechos o acontecimientos. La Biblia puede hablar de que el sol se levanta y la lluvia cae porque desde la perspectiva del que habla eso es exactamente lo que sucede. Desde el punto de vista de un observador parado en el sol (si eso fuera posible) o de algún punto hipotético «fijo» en el espacio, la tierra gira y hace que el sol entre en el campo visual, y la lluvia no cae hacia abajo sino hacia arriba u horizontalmente, o en cualquier dirección necesaria para que la gravedad la atraiga hacia la superficie de la tierra. Pero tales explicaciones son irremediablemente pedantes y harían imposible la comunicación ordinaria. Desde el punto de vista del que habla, el sol *en efecto* se levanta y la lluvia *en efecto* cae, y estas son descripciones perfectamente verdaderas de los fenómenos naturales que observa el que habla.

Una consideración similar se aplica a números cuando se usan para medidas o conteo. Un reportero puede decir que unos 8000 hombres murieron en cierta batalla sin querer implicar con eso que los contó uno por uno y que no eran 7999 ni 8001 soldados muertos. Si murieron en números redondos unos 8000, por supuesto que sería falso decir que murieron 16000, pero no sería falso en la mayoría de los contextos que un reportero diga que murieron 8000 hombres cuando en realidad los que murieron fueron 7 823 u 8 242; los límites de veracidad dependerían del grado de precisión que da a entender el que habla y que sus oyentes originales esperan.

Esto es también cierto en cuanto a medidas. Si digo: «No vivo lejos de mi oficina», o «Vivo como a dos kilómetros de mi oficina», o «Vivo a un poco más de dos kilómetros de mi oficina», o «Vivo a 2,45 kilómetros de mi oficina», las cuatro afirmaciones son aproximaciones con cierto grado de precisión. Un mayor grado de precisión se podría obtener con instrumentos científicos más precisos, pero incluso eso sería aproximación a cierto grado de precisión. Así que las medidas también, a fin de que sean verdad, deben conformarse al grado de precisión que da a entender el que habla o que esperan los oyentes en el contexto original. No debería ser problema para nosotros, entonces, afirmar a la vez que la Biblia es absolutamente veraz en todo lo que dice y que usa lenguaje ordinario para describir fenómenos naturales o dar aproximaciones o números redondos cuando es apropiado en el contexto.

También debemos notar que el lenguaje puede hacer afirmaciones vagas o imprecisas sin ser falsedad. «Vivo a un poco más de dos kilómetros de mi oficina» es una afirmación vaga e imprecisa, pero también es inerrante; no hay nada de falsedad en ella. No afirma nada que sea contrario a los hechos. De modo similar, las afirmaciones bíblicas pueden ser imprecisas y sin embargo totalmente ciertas. La inerrancia tiene que ver con la *veracidad* no con el grado de precisión con que se informan los acontecimientos.

2. La Biblia puede ser inerrante y con todo incluir citas libres o aproximadas. El método por el cual una persona cita las palabras de otro es un procedimiento que en gran parte varía de cultura a cultura. En las culturas contemporáneas estadounidense y británica estamos acostumbrados a citar las palabras exactas de otros cuando encerramos la afirmación entre comillas (a esto se llama cita directa). Pero cuando usamos citas indirectas (sin comillas) solo esperamos un informe exacto de la sustancia de la afirmación. Considere esta oración: «Elliot dijo que vendría enseguida a casa para cenar». La oración no cita directamente a Elliot, pero es un informe aceptable y veraz de la afirmación real de Elliot a su padre: «Llegaré a casa para cenar en dos minutos», aunque la cita indirecta no incluyó ninguna de las palabras originales del que habla.

El griego escrito de los tiempos del Nuevo Testamento no tenía comillas ni signos de puntuación equivalentes, y una cita correcta de otro necesitaba incluir solo una idea correcta del *contenido* de lo que la persona dijo (más bien como nuestras citas indirectas); no se esperaba que se citara exactamente cada palabra. Entonces, la inerrancia es compatible con citas libres y aproximadas del Antiguo Testamento o de las palabras de Jesús, por ejemplo, en tanto y en cuanto el *contenido* no deje de expresar lo que se dijo originalmente. El escritor original ordinariamente no daba a entender que estaba usando las palabras exactas del que citaba y solo esas, ni tampoco los oyentes originales esperaban al pie de la letra que así fuera.

3. No es faltar a la inerrancia tener en la Biblia construcciones gramaticales inusuales y nada comunes. Algunas expresiones de la Biblia son elegantes y excelentes en estilo. Otros escritos bíblicos contienen el lenguaje menos pulido del pueblo común. A veces esto incluye el no seguir las «reglas» comúnmente aceptadas de la gramática (tales como el uso del verbo en plural en donde las reglas gramaticales exigirían un verbo en singular, o el uso de un adjetivo femenino en donde se esperaría un adjetivo masculino, o el deletreo de una palabra diferente al que se usa comúnmente, etc.). Estas afirmaciones de estilo o gramática irregular (que se hallan especialmente en el libro de Apocalipsis) no deben molestarnos, porque no afectan la veracidad de las afirmaciones bajo consideración; una afirmación puede no tener corrección gramatical y, sin embargo, ser enteramente veraz. Por ejemplo, un leñador analfabeto en algún área rural puede ser el hombre de mayor confianza en el condado, aunque su gramática sea calamitosa, porque se ha ganado la reputación de nunca decir una mentira. De modo similar, hay unas cuantas afirmaciones

CAPÍTULO 5 · LA INERRANCIA DE LAS ESCRITURAS

en la Biblia (en los idiomas originales) que no son gramaticalmente correctas (según las normas corrientes de gramática apropiadas en ese tiempo) y, sin embargo, son inerrantes porque son completamente veraces. La cuestión es *la veracidad* de lo que se dice.

B. Algunos retos presentes a la inerrancia

En esta sección examinaremos las principales objeciones que comúnmente se presentan contra el concepto de la inerrancia.

1. La Biblia es solo autoritativa en cuanto a «fe y práctica». Una de las objeciones más frecuentes la presentan los que dicen que el propósito de la Biblia es enseñarnos cuestiones que tienen que ver solamente con «fe y práctica»; es decir, en cuestiones que se relacionan directamente con nuestra fe religiosa o nuestra conducta ética. Esta posición permitiría la posibilidad de afirmaciones falsas en la Biblia, por ejemplo, en *otros* aspectos tales como detalles históricos menores o información científica; esos aspectos, se dice, no tienen que ver con el propósito de la Biblia, que es instruirnos en lo que debemos creer y cómo debemos vivir[1]. Los que abogan por esta posición a menudo prefieren decir que la Biblia es *infalible* pero vacilan en usar la palabra *inerrante*[2].

La respuesta a esta objeción se puede indicar como sigue: la Biblia repetidamente afirma que toda la Escritura es útil para nosotros (2 Ti 3:16) y que *toda* ella es «inspirada por Dios». Por consiguiente es completamente pura (Sal 12:6), perfecta (Sal 119: 96) y verdadera (Pr 30:5). La misma Biblia no hace ninguna restricción en cuanto a la clase de temas de los cuales habla con veracidad.

El Nuevo Testamento contiene afirmaciones adicionales de la confiabilidad de todas las partes de las Escrituras; en Hechos 24:14 Pablo dice que adora a Dios «de acuerdo *con todo lo que enseña la ley y creo* lo que está escrito por los profetas». En Lucas 24:25 Jesús dice que los discípulos son «torpes» porque son «tardos de corazón para creer todo lo que han dicho los profetas». En Romanos 15:4 Pablo dice que *«todo lo que* se escribió» en el Antiguo Testamento «se escribió para enseñarnos». Estos pasajes no dan indicación de que alguna parte de las Escrituras no sea confiable por completo. De modo similar, en 1 Corintios 10:11, Pablo puede referirse incluso a detalles históricos menores del Antiguo Testamento (sentarse para comer y beber, levantarse para bailar) y puede decir que lo uno y lo otro *«sucedió»* (por consiguiente implicando confiabilidad histórica) y «quedó escrito para advertencia nuestra».

Si empezamos a examinar la manera en que los autores del Nuevo Testamento confiaron en los detalles incluso más pequeños de la narrativa del Antiguo Testamento, no vemos ninguna intención de separar nuestros asuntos de «fe y práctica», ni de decir que esto de alguna manera es una categoría reconocible de afirmaciones, ni que implica que las afirmaciones que no estén en esa categoría no son confiables o no se debe pensar que

---

[1] Una buena defensa de esta posición se puede hallar en una colección de ensayos editados por Jack Rogers, *Biblical Authority* (Waco, Tex.: Word, 1977); y, más extensamente, en Jack B. Rogers y Donald McKim, *The Authority and Interpretation of the Bible: An Historical Approach* (San Francisco: Harper and Row, 1979).

[2] Hasta alrededor de 1960 o 1965 la palabra *infalible* se usaba indistintamente con la palabra *inerrable*. Pero en años recientes, por lo menos en los Estados Unidos, la palabra *infalible* se ha usado en el sentido más débil que significa que la Biblia no nos hará descarriar en asuntos de fe y práctica.

son inerrantes. Más bien, parece que los autores del Nuevo Testamento están dispuestos a citar y afirmar como verdadero *todo detalle* del Antiguo Testamento.

En la lista que sigue hay algunos ejemplos de estos detalles históricos citados por autores del Nuevo Testamento. Si todos estos son asuntos de «fe y práctica», entonces *todo* detalle histórico del Antiguo Testamento es asunto de «fe y práctica», y esta objeción deja de ser objeción a la inerrancia. Por otro lado, si se puede afirmar tantos detalles, entonces parece que todos los detalles históricos del Antiguo Testamento se pueden afirmar como verdaderos, y no debemos hablar de restringir la necesaria veracidad de las Escrituras a alguna categoría de «fe y práctica» que excluiría algunos detalles menores. No hay tipos de detalles que no se pudieran afirmar como verdaderos.

El Nuevo Testamento nos da la siguiente información: David comió del pan de la proposición (Mt 12:3-4); Jonás estuvo en un gran pez (Mt 12:40); los hombres de Nínive se arrepintieron (Mt 12:41); la reina del sur vino para oír a Salomón (Mt 12:42); Elías fue enviado a la viuda de Sarepta (Lc 4:25-26); el sirio Naamán fue limpiado de su lepra (Lc 4:27); el día en que Lot salió de Sodoma fuego y azufre llovió del cielo (Lc 19:29; cf. v. 32 con su referencia a la esposa de Lot que se convirtió en sal); Moisés levantó la serpiente en el desierto (Jn 3:14); Jacob le dio un terreno a José (Jn 4:5); muchos detalles que ocurrieron en la historia de Israel (Hch 13:17-23); Abraham creyó y recibió la promesa antes de ser circuncidado (Ro 4:10); Abraham tenía como cien años (Ro 4:19); Dios le dijo a Rebeca antes de que nacieran sus hijos que el mayor serviría al menor (Ro 9:10-12); Elías habló con Dios (Ro 11:2-4); el pueblo de Israel pasó por el mar, comió y bebió alimento y bebida espiritual, deseó el mal, se sentó a beber, se levantó a bailar, se entregó a la inmoralidad, se quejó y fueron destruidos (1 Co 10:11); Abraham le dio el diezmo de todo a Melquisedec (Heb 7:1-2); el tabernáculo del Antiguo Testamento tenía un diseño específico y detallado (Heb 9:1-5); Moisés roció al pueblo y los enseres del tabernáculo con agua y sangre, usando lana escarlata e hisopo (Heb 9:19-21); el mundo fue creado por la palabra de Dios (Heb 11:3);[3] muchos detalles de la vida de Abel, Enoc, Noé, Abraham, Moisés, Rahab y otros en realidad sucedieron (Heb 11, passim); Esaú vendió su primogenitura por una sola comida y después quiso con lágrimas recuperarla (Heb 12:16-17); Rahab recibió a los espías y los envió por otro camino (Stg 2:25); ocho personas se salvaron en el arca (1 P 3:20; 2 P 2:5); Dios convirtió a Sodoma y Gomorra en cenizas, pero salvó a Lot (2 P 2:6-7); el asna de Balaam habló (2 P 2:16).

Esta lista indica que los escritores del Nuevo Testamento estuvieron dispuestos a descansar en la veracidad de cualquier parte de las narraciones históricas del Antiguo Testamento. Ningún detalle fue demasiado insignificante para usarse para la instrucción de los cristianos del Nuevo Testamento. No hay indicación alguna de que pensaran en alguna categoría de afirmaciones bíblicas que no fueran confiables y fidedignas (tales como afirmaciones «históricas y científicas» a diferencia de pasajes doctrinales o morales). Parece claro que la Biblia misma no respalda ninguna restricción de algún tipo de temas de los cuales habla con absoluta autoridad y verdad; ciertamente, muchos pasajes de la Biblia en realidad anulan la validez de esta clase de restricción.

---

[3] Este no es un detalle menor, y es útil como ejemplo de un hecho «científico» que se afirma en el Antiguo Testamento y uno respecto al cual el autor dice que tenemos conocimiento «por fe»; de este modo, aquí explícitamente se dice que la fe incluye confianza en la veracidad de un hecho científico e histórico registrado en el Antiguo Testamento.

CAPÍTULO 5 · LA INERRANCIA DE LAS ESCRITURAS

Una segunda respuesta a los que limitan la necesaria veracidad de la Biblia a asuntos de «fe y práctica» es notar que esta posición confunde el propósito *principal* de la Biblia con el propósito *total* de la Biblia. Decir que el propósito principal de la Biblia es enseñarnos asuntos de «fe y práctica» es hacer un sumario útil y correcto del propósito de Dios al darnos la Biblia. Pero un *sumario* incluye solo el propósito más prominente de Dios al darnos las Escrituras. No es, sin embargo, legítimo usar este sumario para negar que sea *parte* del propósito de la Biblia darnos detalles históricos menores o hablarnos acerca de algunos aspectos de astronomía o geografía, y cosas por el estilo. Un sumario no se puede usar apropiadamente para negar las cosas que está resumiendo. Usarlo de esta manera simplemente mostraría que el sumario no es lo suficientemente detallado para especificar los asuntos en cuestión.

Es mejor decir que *todo el propósito* de la Biblia es decir todo lo que dice, sobre cualquier tema. Dios consideró que cada una de las palabras de él en la Biblia era importante para nosotros. Por eso da severas advertencias a cualquiera que quita incluso una palabra de lo que él nos ha dicho (Dt 4:2; 12:32; Ap 22:18-19); no podemos ni añadir a las palabras de Dios ni quitarles nada, porque todas son parte de su propósito más amplio al hablarnos. Todo lo que se dice en la Biblia está allí porque Dios quiso que estuviera allí; ¡Dios no dice nada sin propósito! Así que la primera objeción a la inerrancia hace un uso errado de un sumario y por consiguiente incorrectamente intenta imponer límites artificiales a la clase de cosas respecto a las cuales Dios puede hablarnos.

2. El término inerrancia es un término pobre. Los que hacen esta segunda objeción dicen que el término *inerrancia* es demasiado preciso y en el uso ordinario denota una clase de precisión científica absoluta que no queremos afirmar en cuanto a la Biblia. Es más, los que hacen esta objeción notan que el término *inerrancia* no se usa en la Biblia misma. Por consiguiente, probablemente es un término inapropiado para que nosotros insistamos en él.

La respuesta a esta objeción se puede indicar como sigue: primero, los eruditos que han usado el término *inerrancia* lo han definido claramente por más de cien años, y siempre han dado campo a las «limitaciones» que se añaden al habla en lenguaje ordinario. No ha habido un representante responsable de la posición de la inerrancia que haya usado el término para denotar una clase de precisión científica absoluta. Por consiguiente, los que presentan esta objeción al término no están dando atención cuidadosa suficiente a la manera en que este se ha usado en el debate teológico por más de un siglo.

Segundo, se debe notar que a menudo usamos términos que no son bíblicos para resumir una enseñanza bíblica. La palabra *Trinidad* no aparece en la Biblia, ni tampoco la palabra *encarnación*. Sin embargo, estos términos son muy útiles porque nos permiten resumir en una palabra un concepto bíblico verdadero, y son por consiguiente útiles para permitirnos debatir más fácilmente una enseñanza bíblica.

También se debe notar que no se ha propuesto ninguna otra palabra que diga tan claramente lo que queremos afirmar cuando queremos hablar de la total veracidad en el lenguaje. La palabra *inerrancia* lo hace muy bien, y parece no haber razón para no continuar usándola con ese propósito.

Finalmente, en la iglesia hoy parece que no podemos sostener un debate sobre este tema sin usar este término. La gente puede objetar el uso de este término si lo desean, pero, les guste o no, este es un término en torno al cual el debate ha girado y casi ciertamente continuará así en las próximas décadas. Cuando el Concilio Internacional sobre la Inerrancia Bíblica (ICBI, por sus siglas en inglés), en 1977, empezó una campaña de diez años para promover y defender la idea de la inerrancia bíblica, se hizo inevitable que sería en torno a esta palabra que procedería el debate. La «Declaración de Chicago sobre la Inerrancia Bíblica», que se redactó y publicó en 1978 bajo auspicios del ICBI, definió lo que la mayoría de los evangélicos quiere decir con la palabra inerrancia, tal vez no perfectamente, pero bastante bien, y objeciones ulteriores a un término tan ampliamente usado y bien definido parecen innecesarias e inútiles para la iglesia.

3. No tenemos manuscritos inerrantes, por consiguiente, hablar de una Biblia inerrante confunde. Los que hacen esta objeción señalan el hecho de que la inerrancia siempre se ha atribuido a las primeras *copias originales de los documentos bíblicos* [4]. Sin embargo, ninguno de estos sobrevivió; tenemos solo copias de lo que Moisés, Pablo o Pedro escribieron. ¿De qué sirve, entonces, asignar tanta importancia a una doctrina que se aplica solo a manuscritos que nadie tiene?

En respuesta a esta objeción se puede indicar primero que en más del 99 por ciento de las palabras de la Biblia, *sabemos* lo que decían los manuscritos originales. Incluso para muchos de los versículos en donde hay variantes textuales (es decir, diferentes palabras en diferentes copias antiguas del mismo versículo), la decisión correcta a menudo es muy clara, y hay realmente muy pocos lugares en donde la variante textual es difícil de evaluar y significativa para determinar el significado. En el pequeño porcentaje de casos en donde hay una incertidumbre significativa en cuanto a lo que decía el texto original, el sentido general de la oración por lo general es muy claro partiendo del contexto. (Uno no tiene que ser erudito en hebreo o griego para saber cuáles son esas variantes, porque todas las traducciones modernas las indican en las notas marginales con palabras tales como «Algunos manuscritos antiguos dicen…» u «Otras autoridades antiguas añaden…»).

Esto no es decir que el estudio de las variantes textuales no tenga importancia, pero sí es decir que el estudio de las variantes textuales no nos ha dejado en confusión respecto a lo que decían los manuscritos originales[5]; más bien nos ha llevado extremadamente cerca del contenido de esos manuscritos originales. En la práctica, entonces, los *textos presentes publicados con erudición* del Antiguo Testamento hebreo y Nuevo Testamento griego *son los mismos de los manuscritos originales.* Así que cuando decimos que los manuscritos originales eran inerrantes, también estamos implicando que más del 99 por ciento de las palabras de nuestros manuscritos presentes también son inerrantes, porque son copias exactas de los originales. Todavía más, *sabemos* en dónde están las lecturas inciertas (porque donde no hay variantes textuales no tenemos razón para esperar una

---

[4] En términos teológicos, a estas copias originales se les llama lo «autógrafos», usando el prefijo *auto-*, que quiere decir «mismo», y la raíz *grafo*, que quiere decir «escrito», para referirse a una copia escrita por el autor mismo.

[5] Una excelente revisión del estudio de las variantes textuales en los manuscritos existentes del Nuevo Testamento es Bruce M. Metzger, *The Text of the New Testament: Its Transmission, Corruption, and Restoration*, 2ª ed., (Oxford: Clarendon Press, 1968).

copia defectuosa del original) [6]. Así que nuestros presentes manuscritos son prácticamente iguales que los manuscritos originales, y la doctrina de la inerrancia, por consiguiente, directamente tiene también que ver con nuestros manuscritos presentes.

Además, es extremadamente importante declarar la inerrancia de los documentos originales, porque las copias subsiguientes fueron hechas por hombres que no decían tener garantía de parte de Dios de que sus copias iban a ser perfectas. Pero es de los manuscritos originales de los que se afirma que son palabras de Dios. Por eso, si tenemos errores en las copias (como los tenemos), son *errores de hombres*. Pero si tenemos errores en *los manuscritos originales*, nos vemos obligados a decir no solo que son errores de los hombres, sino que *Dios mismo* cometió un error y habló falsamente. Y eso no puede ser.

4. Los escritores bíblicos «acomodaron» su mensaje en detalles menores a ideas falsas, corrientes en su día, y afirmaron o enseñaron esas ideas de modo incidental. Esta objeción a la inerrancia es ligeramente diferente de la que restringe la inerrancia de la Biblia a asuntos de fe y práctica, pero se relaciona con ella. Los que sostienen esta posición aducen que había sido muy difícil para los escritores bíblicos comunicarse con la gente de su tiempo si hubieran tratado de corregir toda información histórica y científica falsa en que creían sus contemporáneos. Los que sostienen esta posición no aducen que los lugares en que la Biblia ofrece información falsa son numerosos, ni siquiera que esos lugares sean puntos principales de alguna sección particular de la Biblia. Más bien dicen que cuando los escritores bíblicos intentan hacer un a declaración importante, a veces presentan alguna falsedad incidental que la gente de ese tiempo creía [7].

A esta objeción a la inerrancia se puede replicar, primero, que Dios es Señor del lenguaje humano y que puede usar ese lenguaje para expresarse perfectamente sin tener que presentar ideas falsas que pudieran haber sostenido las personas del tiempo en que se escribió la Biblia. Esta objeción a la inerrancia esencialmente niega el señorío efectivo de Dios sobre el lenguaje humano. Segundo, debemos responder que tal «acomodo» de parte de Dios a nuestra comprensión implicaría que Dios hubiera actuado contrario a su carácter como un «Dios que no miente» (Nm 23:19; Tit 1:2; Heb 6:18). No es útil distraer la atención de esta dificultad mediante énfasis repetido en la condescendencia de la gracia de Dios al hablar a nuestro nivel. Sí, Dios en efecto condesciende para hablar nuestro lenguaje, el lenguaje de los seres humanos. Pero ningún pasaje de la Biblia enseña que él «condesciende» al punto de actuar contrario a su carácter moral. Nunca se dice que él puede condescender tanto como para afirmar, aunque sea incidentalmente, algo que sea falso. Si Dios se «acomodara» de esta manera, dejaría de ser el «Dios que no miente». Dejaría de ser el Dios que la Biblia dice que es. Tal actividad de ninguna manera hablaría de la grandeza de Dios, porque Dios no manifestaría su grandeza actuando de una manera

---

[6] Por supuesto, existe la posibilidad teórica de que hubiera algún error en la primera copia que se hizo de una de las Epístolas de Pablo, por ejemplo, y que este error se haya reproducido en todas las copias restantes. Pero se debe pensar que esto es improbable porque (1) eso exigiría que se hiciera solo una copia del original, y que esa única copia fuera la base de todas las copias existentes, y (2) nuestro argumento anterior en cuanto a la fidelidad de Dios para preservar el canon (vea capítulo 3,) parecería indicar que si tal error ocurrió en efecto, no sería alguno que materialmente afectaría nuestra comprensión de la Biblia. La existencia de tal error de copia no se puede probar ni probar lo contrario, pero una especulación adicional en cuanto a él aparte de evidencia contundente no parece ser útil.

[7] Una explicación de esta noción se puede hallar en Daniel P. Fuller, «Benjamin B. Warfield's View of Faith and History», *BETS* 11 (1968): 75-83.

que contradice su carácter. Esta objeción, pues, en su raíz, entiende mal la pureza y unidad de Dios en lo que afectan todas sus obras y acciones.

Es más, tal proceso de acomodo, si en realidad hubiera ocurrido, hubiera creado un problema moral serio para nosotros. Debemos ser imitadores del carácter moral de Dios (Lv 11:44; Lc 6:36; Ef 5:1; 1 P 5:1, et. al.). Pablo dice que puesto que en nuestra naturaleza estamos llegando a ser más semejantes a Dios (Ef 4.24), «dejando la mentira» debemos hablar «con la verdad» unos con otros (v. 25). Debemos imitar la veracidad de Dios en lo que decimos. Sin embargo, si la teoría del acomodo es correcta, entonces Dios *intencionalmente* hizo afirmaciones incidentales de falsedad a fin de mejorar la comunicación. Por consiguiente, ¿no sería correcto que nosotros también intencionalmente hagamos afirmaciones incidentales de falsedad cada vez que eso mejorara la comunicación? Sin embargo, eso equivaldría a decir que una falsedad menor dicha con un buen propósito (una «mentira blanca») no es mala. Tal posición, que contradice los pasajes bíblicos citados en cuanto a la total veracidad de Dios al hablar, no puede considerarse válida.

5. La inerrancia pone demasiado énfasis en el aspecto divino de la Biblia y descuida el aspecto humano. Esta objeción más general la hacen los que aducen que los que abogan por la inerrancia recalcan tanto el aspecto divino de la Biblia que minimizan su aspecto humano.

Hemos convenido en que la Biblia tiene un aspecto tanto divino como humano, y que debemos dar atención adecuada a ambos. Sin embargo, los que hacen esta objeción casi invariablemente insisten en que los aspectos verdaderamente «humanos» de la Biblia *seguramente* dan a entender la presencia de algunos errores en la Biblia. Podemos responder que aunque la Biblia es plenamente humana porque fue escrita por seres humanos usando su propio lenguaje, la actividad de Dios al supervisar la redacción de la Biblia y hacer que fueran también sus palabras quiere decir que es diferente a todos los demás libros humanos precisamente en este aspecto: no contiene error. Eso es exactamente lo que afirmó incluso el pecador, codicioso y desobediente Balaam en Números 23:19; cuando Dios habla por medio de seres humanos pecadores es diferente a cuando los hombres hablan porque «Dios no es un simple mortal para mentir y cambiar de parecer». Es más, no es cierto que todas las expresiones verbales y los escritos humanos contengan errores, porque todos los días hacemos docenas de declaraciones que son completamente verdad. Por ejemplo: «Me llamo Wayne Grudem». «Tengo tres hijos». «Desayuné esta mañana».

6. Hay algunos errores en la Biblia que son obvios. Esta objeción final de que hay errores en la Biblia que son obvios la afirman o dan a entender la mayoría de los que niegan la inerrancia, y para muchos de ellos la convicción de que hay ciertos errores en las Escrituras es un factor principal para persuadirlos a cuestionar la doctrina de la inerrancia.

La primera respuesta que debería hacerse a esta objeción es preguntar dónde están tales errores. ¿En cuál versículo o versículos aparecen estos errores? Es sorprendente la frecuencia con que esta objeción es hecha por quienes tienen escasa o ninguna idea de dónde están los errores específicos, pero que creen que hay errores porque les han dicho que los hay.

En otros casos, sin embargo, habrá quienes mencionan uno o más pasajes en donde, aducen, hay una afirmación falsa en la Biblia. En estos casos es importante que veamos

CAPÍTULO 5 · LA INERRANCIA DE LAS ESCRITURAS

el mismo texto bíblico, y lo examinemos con detenimiento. Si creemos que la Biblia en verdad es inerrante, debemos anhelar y por cierto no temer inspeccionar estos pasajes con detalles minuciosos. Es más, nuestra expectación será que esa inspección detenida mostrará que no hay ningún error después de todo. De nuevo, es sorprendente cómo resulta que una lectura cuidadosa simplemente del texto en cuestión sacará a la luz una o más posibles soluciones a la dificultad.

En unos pocos pasajes no será inmediatamente evidente la solución a la dificultad basándose en la lectura del texto en nuestro idioma. En ese punto es útil consultar algunos comentarios sobre el pasaje. Tanto Agustín (354-430 d.C.) y Juan Calvino (1509-64), junto con muchos otros comentaristas recientes, han dedicado tiempo a estudiar bien la mayoría de los supuestos «textos problema» y sugerir soluciones plausibles. Y algunos escritores han compilado la mayoría de los textos difíciles y han sugerido respuestas[8].

Hay unos pocos pasajes en donde tener conocimiento del hebreo o el griego puede ser necesario para hallar una solución, y los que no tienen acceso de primera mano a estos idiomas pueden buscar respuestas bien sea en algún comentario más técnico o preguntándole a alguien que tenga este entrenamiento. Por supuesto, nuestra comprensión de la Biblia nunca es perfecta, y esto quiere decir que puede haber casos en donde seremos incapaces de hallar una solución a un pasaje difícil al tiempo presente. Esto puede deberse a que al presente desconocemos la evidencia lingüística, histórica o contextual que necesitamos para entender correctamente el pasaje. Esto no debería ser problema para nosotros en un número pequeño de pasajes en tanto y en cuanto el patrón global de nuestra investigación de estos pasajes ha mostrado que, en verdad, no hay ningún error en donde se ha aducido que hay alguno[9].

Pero aunque debemos admitir que existe la *posibilidad* de que no podamos resolver un problema en particular, también se debe indicar que hay muchos eruditos bíblicos evangélicos hoy que dicen que al presente no tienen conocimiento de ningún texto con problema para el cual no haya una solución satisfactoria. Es posible, por supuesto, que se pueda llamar la atención a algunos de estos pasajes en el futuro, pero durante los pasados quince años de controversia sobre la inerrancia bíblica, ningún pasaje «no resuelto» ha sido motivo de atención[10].

Finalmente, una perspectiva histórica de este asunto es útil. En realidad no hay ningún problema «nuevo» en la Biblia. La Biblia en su totalidad tiene más de 1900 años, y los supuestos «textos problema» han estado allí todo el tiempo. Sin embargo, en toda la historia de la iglesia ha habido una firme creencia en la inerrancia de las Escrituras en el sentido en que se define en este capítulo. Es más, por cientos de años, eruditos bíblicos altamente competentes han leído y estudiado esos textos problema y con todo no han hallado dificultad en sostener la inerrancia. Esto debe darnos confianza de que hay

---

[8]El lector interesado puede consultar, por ejemplo, Gleason L. Archer, Encyclopedia of Bible Difficulties (Zondervan, Grand Rapids, 1982); William Arndt, Does the Bible Contradict Itself? (St. Louis: Concordia, 1955); idem, Bible Difficulties (St. Louis: Concordia, 1932); y John W. Haley, Alleged Discrepancies of the Bible (1874; reimpresión Grand Rapids: Baker, 1977). Casi todos los textos difíciles también tienen un análisis útil en las amplias notas de The NIV Study Bible ed. Kenneth Barker et al. (Zondervan, Grand Rapids, 1985).

[9]J. P. Moreland, "The Rationality of Belief in Inerrancy," en Trin J 7:1 (1986): 75–86, arguye convincentemente que los cristianos no deben abandonar la doctrina de la inerrancia simplemente debido a un pequeño número de «textos problema» para los cuales al presente no tienen solución clara.

[10]El presente escritor, por ejemplo, ha examinado durante veinte años docenas de estos «textos problema» que han sido traídos a su atención en el contexto del debate sobre la inerrancia. En cada uno de estos casos, al examinar de cerca el texto se ha hecho evidente una solución plausible.

disponibles soluciones a estos problemas y que la creencia en la inerrancia es enteramente congruente con toda una vida de atención detallada al texto de la Biblia[11].

C. Problemas al negar la inerrancia

Los problemas que surgen al negar la inerrancia bíblica no son insignificantes, y entender la magnitud de estos problemas nos da estímulo adicional no solo para declarar la inerrancia, sino también para declarar su importancia para la iglesia. A continuación se mencionan algunos de los problemas más serios.

1. Si negamos la inerrancia nos vemos frente a un serio problema moral: ¿podemos imitar a Dios e intencionalmente también mentir en asuntos menores? Esto es similar a lo que dijimos en respuesta a la objeción #4, antes; pero aquí se aplica no solo a los que sostienen la objeción #4, sino también más ampliamente a todos los que niegan la inerrancia. Efesios 5:1 nos dice que seamos imitadores de Dios; pero una negación de la inerrancia que de todos modos afirma que las palabras de las Escrituras son palabras inspiradas por Dios, necesariamente implica que Dios intencionalmente habló falsedades en algunas de las afirmaciones menos centrales de la Biblia. Y si está bien que Dios haga esto, ¿cómo puede estar mal que nosotros lo hagamos? Semejante línea de razonamiento, si la creyéramos, ejercería fuerte presión sobre nosotros para empezar a hablar falsedades en situaciones en que pareciera ayudarnos a expresarnos mejor, y cosas por el estilo. Esta posición sería una caída resbalosa con resultados cada vez más negativos en nuestra vida.

2. Si se niega la inerrancia empezamos a preguntarnos si de veras podemos confiar en Dios en algo que diga. Una vez que nos convencemos de que Dios nos ha dicho falsedades en algunos asuntos menores de la Biblia, podemos concluir que Dios es *capaz* de decirnos falsedades. Esto tendrá un efecto perjudicial en nuestra disposición a creer en Dios y su Palabra, y confiar en él completamente y obedecerle totalmente en el resto de la Biblia. Empezaremos a desobedecer inicialmente esas secciones de la Biblia que menos queremos obedecer, y a desconfiar inicialmente de las secciones en que menos nos inclinamos a confiar. Pero tal procedimiento con el tiempo aumentará, para gran perjuicio de nuestra vida espiritual. Por supuesto, tal declinación en confianza y obediencia a la Biblia tal vez no ocurra necesariamente en la vida de todo el que niega la inerrancia, pero este será por cierto el patrón general, y será el patrón que se exhiba en el curso de una generación a la que se enseña a negar la inerrancia.

3. Si no aceptamos la inerrancia, esencialmente convertimos nuestra mente humana en una norma más alta de veracidad que la misma Palabra de Dios. Estaríamos usando nuestra mente para poner en tela de juicio algunas secciones de la Palabra de Dios y dictaminando que están erradas. Pero esto es en efecto decir que sabemos la verdad con más certeza y más precisión que la Palabra de Dios (o que Dios mismo), por lo menos en esos asuntos. Tal procedimiento, convertir nuestra mente en una norma más alta que la verdad de la Palabra de Dios, es la raíz de todo pecado intelectual[12].

---

[11]Sobre la historia de la inerrancia en la iglesia, vea los ensayos de Philip Hughes, Geoffrey W. Bromiley, W. Robert Godfrey, y John D. Woodbridge y Randall H. Balmer en Scripture and Truth. Vea también el estudio más detallado por: Woodbridge, *Biblical Authority: A Critique of the Rogers and McKim Proposal* (Zondervan, Grand Rapids, 1982). 102

[12]Vea en el capítulo 4, p. 83, una consideración de la Biblia como nuestra norma absoluta de verdad.

CAPÍTULO 5 · LA INERRANCIA DE LAS ESCRITURAS

4. Si negamos la inerrancia también debemos decir que la Biblia está errada no solo en detalles menores, sino también en algunas de sus doctrinas. Una negación de la inerrancia significa que decimos que las enseñanzas de la Biblia en cuanto a la *naturaleza de la Biblia* y en cuanto a la *veracidad y confiabilidad de las palabras de Dios* también son falsas. Estos no son detalles menores sino preocupaciones doctrinales importantes en la Biblia[13].

PREGUNTAS PARA APLICACIÓN PERSONAL

1. A su modo de pensar, ¿por qué el debate en cuanto a la inerrancia se ha convertido en una cuestión tan grande en este siglo? ¿Por qué personas en ambos lados del asunto piensan que es importante?

2. Si usted pensara que la Biblia contiene algunos errores pequeños, ¿cómo eso afectaría la manera en que usted lee la Biblia? ¿Afectaría su interés en ser veraz en la conversación cotidiana?

3. ¿Sabe usted de algún pasaje bíblico que parezca contener errores? ¿Cuáles son? ¿Ha tratado de resolver las dificultades en estos pasajes? Si no ha hallado una solución a algún pasaje, ¿qué otros pasos pudiera dar?

4. Conforme los creyentes avanzan por la vida aprendiendo a conocer mejor su Biblia y creciendo en madurez cristiana, ¿tienden a confiar en la Biblia más, o a confiar menos? A su modo de ver, ¿creerá usted en el cielo que la Biblia es inerrante? Si es así, ¿lo creerá usted más firmemente o menos firmemente que lo que cree ahora?

5. Si está convencido de que la Biblia enseña la doctrina de la inerrancia, ¿cómo se siente al respecto? ¿Se alegra de que tal enseñanza esté allí, o siente usted que es una carga tener que defenderla?

6. ¿Garantiza la creencia en la inerrancia que tengamos una doctrina sana y una vida cristiana sana? ¿Cómo pueden los Testigos de Jehová decir que la Biblia es inerrante y a la vez tener tantas enseñanzas falsas?

7. Si usted está de acuerdo con la inerrancia, ¿piensa que esta debería ser un requisito para la membresía en la iglesia, para enseñar en una clase de Escuela Dominical, para ser nombrado para un cargo en la iglesia (tal como anciano o diácono), para ser ordenado como pastor y para enseñar en un seminario teológico? ¿Por qué sí o por qué no?

8. Cuando hay controversias doctrinales en la iglesia, ¿cuáles son los peligros personales que enfrentan quienes sostienen una posición más congruente con la

---

[13]Aunque las posiciones indeseables mencionadas lógicamente se relacionan con una negación de la inerrancia, se debe aclarar algo No todos los que niegan la inerrancia adoptarán también las conclusiones indeseables que se acaban de mencionar. Algunos (probablemente en forma inconsistente) negarán la inerrancia pero no darán los siguientes pasos lógicos. En los debates sobre la inerrancia, como en otros debates teológicos, es importante criticar a las personas en base a las nociones que en realidad sostienen, y distinguir esas nociones claramente de posiciones que pensamos que sostendrían si fueran consistentes con las nociones que expresan.

Biblia? En particular, ¿cómo puede el orgullo en la doctrina correcta convertirse un problema? ¿Cuál es la solución? ¿Piensa usted que la inerrancia es una cuestión importante para el futuro de la iglesia? ¿Por qué sí y por qué no? A su modo de ver, ¿cómo se resolverá?

TÉRMINOS ESPECIALES

autógrafo
ICBI
inerrante

infalible
fe y práctica
variante textual

BIBLIOGRAFÍA

(Vea también la bibliografía del capítulo 4 «Autoridad», mucho de lo cual también es pertinente aquí, pero solo parte de lo cual se ha mencionado de nuevo).

Archer, Gleason. *Encyclopedia of Bible Difficulties*. Zondervan, Grand Rapids, 1982.
Arndt, W. *Bible Difficulties*. Concordia, St. Louis, 1932.
_____. *Does the Bible Contradict Itself?* Concordia, St. Louis, 1955.
Boice, James, ed. *The Foundation of Biblical Authority*. Zondervan, Grand Rapids, 1978.
Carson, D.A., y John Woodbridge, eds. *Hermeneutics, Authority, and Canon*. Zondervan, Grand Rapids, 1986.
_____. *Scripture and Truth*. Zondervan, Grand Rapids, 1983.
Feinberg, Paul. «Bible, Inerrancy and Infallibility of». In *EDT* pp. 141-45.
Geisler, Norman, ed. *Biblical Errancy: An Analysis of Its Philosophical Roots*. Zondervan, Grand Rapids, 1981.
_____. ed. *Inerrancy*. Zondervan, Grand Rapids, 1979 (ensayos de la Conferencia del ICBI de Chicago en octubre de 1978).
Haley, John W. *Alleged Discrepancies of the Bible*. Reimp. ed. Baker, Grand Rapids, 1977 (primero publicado en 1874).
Lindsell, Harold. *The Battle for the Bible*. Zondervan, Grand Rapids, 1976.
_____. *The Bible in the Balance*. Zondervan, Grand Rapids, 1979.
Montgomery, John W., ed. *God's Inerrant Word*. Bethany Fellowship, Minneapolis, 1974.
Packer, J. I. «Scripture». En *NDT* pp. 627-31.
_____. «Infallibility and Inerrancy of the Bible». En *NDT* 337-39.
Schaeffer, Francis. *No Final Conflict: The Bible Without Error in All That It Affirms*. InterVarsity Press, Downers Grove, IL, 1975.
Warfield, B.B. *Limited Inspiration*. Presbyterian and Reformed, Filadelfia, 1962.
Woodbridge, John. *Biblical Authority: A Critique of the Rogers/McKim Proposal*. Zondervan, Grand Rapids, 1982.
Young, Edward J. *Thy Word Is Truth*. Eerdmans, Grand Rapids, 1957.

Obras desde una perspectiva de la no inerrancia
(Vea también la bibliografía para el capítulo 4).

Barr, James. *Fundamentalism*. SCM, Londres, 1977.
Beegle, Dewey M. *Scripture, Tradition, and Infallibility*. Eerdmans, Grand Rapids, 1973.
Davis, Stephen T. *The Debate About the Bible*. Filadelfia: Westminster, 1977.
McKim, Donald K., ed. *The Authoritative Word: Essays on the Nature of Scripture*. Eerdmans, Grand Rapids, 1983.
Rogers, Jack, ed. *Biblical Authority*. Word, Waco, Tex., 1977.
Rogers, Jack B., and Donald K. McKim. *The Authority and Interpretation of the Bible: An Historical Approach*. Harper and Row, San Francisco, 1979.

PASAJE BÍBLICO PARA MEMORIZAR

Salmo 12:6: *Las palabras del Señor son puras, son como la plata refinada, siete veces purificada en el crisol.*

HIMNO

«La Ley del Señor Perfecta Es»

Esta moderna expresión del Salmo 19:7-11 expresa la perfección de la palabra de Dios en varias maneras diferentes y muestra varios aspectos de su aplicación a nuestra vida.

> La ley de Dios perfecta es,
> Convierte al pecador;
> Su testimonio es tan fiel
> Que al simple iluminó.
>
> Los mandamientos del Señor
> Dan gozo al corazón;
> Tan puro su precepto es
> Que aclara la visión.
>
> Es limpio el temor de Dios,
> Que permanecerá;
> Los sabios juicios del Señor,
> Son justos, son verdad.
> Deseables más que el oro son,
> Sus juicios, mucho más;
> Aun más dulces que la miel
> Que fluye del panal.

SALTERIO ESCOCÉS, 1950, TRAD. N. MARTÍNEZ.
(TOMADO DEL HIMNARIO BAUTISTA, #147)

Capítulo 6

LAS CUATRO CARACTERÍSTICAS DE LAS ESCRITURAS: (2) CLARIDAD

¿Pueden solo los eruditos entender correctamente la Biblia?

EXPLICACIÓN Y BASE BÍBLICA

Cualquiera que ha empezado a leer la Biblia en serio se dará cuenta de que algunas partes se pueden entender muy fácilmente en tanto que otras partes parecen un acertijo. A decir verdad, muy temprano en la historia de la iglesia Pedro les recordó a sus lectores que algunas partes de las Epístolas de Pablo eran difíciles de entender: «Tengan presente que la paciencia de nuestro Señor significa salvación, tal como les escribió también nuestro querido hermano Pablo, con la sabiduría que Dios le dio. En todas sus cartas se refiere a estos mismos temas. Hay en ellas algunos puntos *difíciles de entender*, que los ignorantes e inconstantes tergiversan, como lo hacen también con las demás Escrituras, para su propia perdición» (2 P 3:15-16). Debemos reconocer, por consiguiente, que no toda la Biblia es fácil de entender.

Pero sería un error pensar que la mayoría de la Biblia o que la Biblia en general es difícil de entender. De hecho, el Antiguo Testamento y el Nuevo Testamento frecuentemente afirman que la Biblia está escrita de tal manera que sus enseñanzas pueden ser entendidas por cualquier creyente regular. Incluso en la afirmación de Pedro que acabamos de citar, el contexto es una apelación a las enseñanzas de la carta de Pablo, que los lectores de Pedro habían leído y entendido (2 P 3:15). Es más, Pedro asigna algo de la culpa moral a los que tergiversan estos pasajes «para su propia perdición». Tampoco dice que haya cosas imposibles de entender, sino solo que son difíciles de entender.

A. La Biblia frecuentemente afirma su propia claridad

La claridad de la Biblia y la responsabilidad de los creyentes en general para leerla y entenderla se recalca a menudo. En un pasaje muy familiar Moisés le dice al pueblo de Israel:

CAPÍTULO 6 · LA CLARIDAD DE LAS ESCRITURAS

> Grábate en el corazón estas palabras que hoy te mando. *Incúlcaselas continuamente a tus hijos. Háblales de ellas* cuando estés en tu casa y cuando vayas por el camino, cuando te acuestes y cuando te levantes. (Dt 6:6-7)

Se esperaba que todo el pueblo de Israel fuera capaz de entender las palabras de la Biblia lo suficiente para poder «inculcárselas continuamente» a sus hijos. Esta enseñanza no consistía solo en la memorización sin entendimiento, porque el pueblo de Israel debía *hablar* de las palabras de la Biblia durante sus actividades, al sentarse, caminar, irse a la cama o levantarse por la mañana. Dios espera que *todo* su pueblo sepa y pueda hablar de su Palabra, con la aplicación apropiada a las situaciones ordinarias de la vida. De modo similar, el Salmo 1 nos dice que el «hombre dichoso», a quien todos los justos de Israel debían emular, es el que medita en la ley de Dios «día y noche» (Sal 1:2). Esta meditación diaria da por sentado una capacidad para entender apropiadamente la Biblia todos los que la meditan.

El carácter de la Biblia se dice que es tal que incluso el «sencillo» puede entenderla apropiadamente y ser sabio por ella. «El mandato del Señor es digno de confianza: da sabiduría al sencillo» (Sal 19:7). Después leemos: «La exposición de tus palabras nos da luz, y da entendimiento al sencillo» (Sal 119:130). Aquí el «sencillo» (heb. *peti*) no es meramente el que carece de capacidad intelectual, sino el que carece de sano juicio, que es proclive a cometer errores, y que fácilmente puede dejarse desviar[1]. La Palabra de Dios es tan comprensible, tan clara, que incluso le da sabiduría a este tipo de personas. Esto debería ser un gran estímulo para todos los creyentes; ninguno debe pensar de sí mismo que es demasiado necio para leer la Biblia y entenderla lo suficiente para que ella le dé sabiduría.

Hay un énfasis similar en el Nuevo Testamento. Jesús mismo, en sus enseñanzas, sus conversaciones y sus debates nunca responde a pregunta alguna dando indicio de echarle la culpa a las Escrituras del Antiguo Testamento por no ser claras. Incluso al hablarles a personas del primer siglo que distaban como mil años de David, de Moisés como mil quinientos años, o de Abraham como dos mil años, Jesús da por sentado que tales personas pueden leer y entender correctamente las Escrituras del Antiguo Testamento.

En días cuando es común que algunos nos digan que es difícil interpretar correctamente la Biblia, haremos bien en recordar que ni una sola vez en los Evangelios oímos a Jesús diciendo: «Veo de dónde viene su problema; las Escrituras no son claras en cuanto a ese tema». Más bien, sea que estuviera hablando con eruditos o con personas comunes sin mayor educación, sus respuestas siempre dan por sentado que la culpa de entender mal alguna enseñanza de las Escrituras no se debe echar a las Escrituras mismas, sino a los que entendieron mal o no aceptaron lo que está escrito. Vez tras vez responde a preguntas con afirmaciones como «No han leído…» (Mt 12:3, 5; 19:14; 22:31), «No han leído en las Escrituras…» (Mt 2 o incluso: «Ustedes andan equivocados porque desconocen las Escrituras y el poder de Dios» (Mt 22:29; cf. Mt 9:13; 12:7; 15:3; 21:13; Jn 3:10; et. al.).

---

[1] Compare el uso de la misma palabra en Pr 1:4; 7:7; 9:6; 14:15, 18; 22:3; 27:12.

De modo similar, la mayoría de las Epístolas del Nuevo Testamento fueron escritas no a dirigentes de la iglesia sino a congregaciones enteras. Pablo escribe: «A la iglesia de Dios que está en Corinto» (1 Co 1:2), «A las iglesias de Galacia» (Gá 1:2), «A todos los santos en Cristo Jesús que están en Filipos, junto con los obispos y diáconos» (Flp 1:1), y así por el estilo. Pablo *da por sentado* que sus oyentes *entenderán* lo que les escribe, y los anima a que hagan circular sus cartas en otras iglesias: «Una vez que se les haya leído a ustedes esta carta, que se lea también en la iglesia de Laodicea, y ustedes lean la carta dirigida a esa iglesia» (Col 4:16; cf. Jn 20:30-31; 2 Co 1:13; Ef 3:4; 1 Ti 4:13; Stg 1:1, 22-25; 1 P 1:1; 2:2; 2 P 1:19; 1 Jn 5:13)[2].

Se podría presentar 2 Pedro 1:20 en contra del concepto de la claridad de la Biblia que se explica en este capítulo. El versículo dice que «ninguna profecía de la Escritura surge de la interpretación particular de nadie», y alguien pudiera aducir que esto significa que los creyentes comunes no pueden interpretar correctamente las Escrituras por sí mismos. Es improbable, sin embargo, que esta implicación se pueda derivar de 2 Pedro 1:20, porque el versículo probablemente está hablando del *origen* y no de la interpretación de la Biblia. De esta manera la NVI lo traduce: «ninguna profecía de la Escritura *surge* de la interpretación particular de nadie»[3]. Es más, incluso si se entendiera el versículo como hablando de la interpretación de la Biblia, estaría diciendo que la interpretación de la Biblia se debe hacer dentro de la comunión de creyentes y no meramente como actividad personal. Ni aun así implicaría que se necesitan intérpretes autoritativos para asegurar el verdadero significado de la Biblia, sino simplemente que su lectura y entendimiento no se debe realizar por entero en forma aislada de otros creyentes.

Para que no pensemos que comprender la Biblia de alguna manera era más fácil para los creyentes del primer siglo que para nosotros, es importante darnos cuenta de que en muchos casos las Epístolas del Nuevo Testamento fueron escritas a iglesias que tenían una proporción nutrida de creyentes gentiles. Eran creyentes relativamente nuevos que no tenían ningún trasfondo previo en ninguna clase de sociedad cristiana, y que tenían escaso o ningún entendimiento de la historia y cultura de Israel. No obstante, los autores del Nuevo Testamento no vacilan en esperar que estos creyentes gentiles puedan leer una traducción del Antiguo Testamento en su propio idioma y entenderlo apropiadamente (cf. Ro 4:1-25; 15:4; 1 Co 10:1-11; 2 Ti 3:16-17; et al.).

B. Las cualidades morales y espirituales necesarias para una comprensión correcta

Los escritores del Nuevo Testamento con frecuencia afirman que la capacidad de entender la Biblia correctamente es más capacidad moral y espiritual que intelectual: «El que no tiene el Espíritu no acepta lo que procede del Espíritu de Dios, pues para él es

---

[2]Pablo les dice a los corintios: «No estamos escribiéndoles nada que no puedan leer ni entender», y luego añade «Espero que comprenderán del todo, así como ya nos han comprendido en parte». La adición a su primera afirmación no niega la claridad de lo que les ha escrito, sino que anima a los corintios a ser diligentes para escuchar con todo cuidado las palabras de Pablo, a fin de que su comprensión parcial pueda ser ahondada y enriquecida. De hecho, la misma expresión de tal esperanza muestra que Pablo da por sentado que se puede entender sus escritos (*elpizo*, «espero», en el Nuevo Testamento expresa una expectativa mucho más confiada de un evento futuro que la palabra en inglés *esperanza*).

[3]Esta interpretación la defiende bien Michael Green, *The Second Epistle of Peter and the Epistle of Jude* TNTC (Eerdmans, Grand Rapids, 1987), pp. 100-102.

locura. No puede entenderlo, porque hay que discernirlo espiritualmente» (1 Co 2:14; cf. 1:18-3:4; 2 Co 3:14-16; 4:3-4, 6; Heb 5:14; Stg 1:5-6; 2 P 3:5; cf. Mr 4:11-12; Jn 7:17; 8:43). Así que aunque los autores del Nuevo Testamento afirman que la Biblia *en sí misma* está escrita con claridad, también afirman que no la podrán entender correctamente los que no están dispuestos a recibir sus enseñanzas. La Biblia la pueden entender todos los que no son creyentes y la lean con sinceridad en busca de salvación, y todos los creyentes que la lean buscando la ayuda de Dios para entenderla. Esto se debe a que en ambos casos el Espíritu Santo obra para superar los efectos del pecado, que de otra manera harían que la verdad pareciera tontería (1 Co 2:14; 1:18-25; Stg 1:5-6, 22-25).

C. Definición de la claridad de la Biblia

A fin de resumir este material bíblico podemos afirmar que la Biblia está escrita de tal manera que todas las cosas necesarias para nuestra salvación y para nuestra vida y crecimiento cristianos están expresadas muy claramente en ella. Aunque los teólogos a veces han definido la claridad de la Biblia en forma más estrecha (diciendo, por ejemplo, solo que la Biblia es clara en su enseñanza del camino de salvación), los muchos pasajes citados antes se aplican a muchos aspectos diferentes de la enseñanza bíblica y no parecen respaldar ninguna de tales limitaciones en los aspectos respecto a los cuales se puede decir que la Biblia habla claramente. Parece ser más fiel a estos pasajes bíblicos definir la claridad[4] de la Biblia como sigue: *La claridad de la Biblia quiere decir que está escrita de tal manera que sus enseñanzas pueden entenderlas todos los que la lean buscando la ayuda de Dios y estando dispuestos a seguirlas*. Una vez que hemos declarado esto, sin embargo, debemos también reconocer que muchos, incluso del pueblo de Dios, en efecto entienden mal la Biblia.

D. ¿Por qué algunos entienden mal la Biblia?

Durante la vida de Jesús, sus propios discípulos a veces no entendían el Antiguo Testamento y las propias enseñanzas de Jesús (vea Mt 15:16; Mr 4:10-13; 6:52; 8:14-21; 9:32; Lc 18:34; Jn 8:27; 10:6). Aunque a veces esto se debió al hecho de que ellos simplemente necesitaban esperar acontecimientos ulteriores en la historia de la redención, y especialmente en la vida de Cristo mismo (vea Jn 12:16; 13:7; cf. Jn 2:22), también hubo ocasiones cuando esto se debió a falta de fe y dureza de corazón (Lc 24:25). Todavía más, hubo ocasiones en la iglesia primitiva cuando los creyentes no entendieron ni estuvieron de acuerdo respecto a alguna enseñanza del Antiguo Testamento, o en cuanto a cartas escritas por los apóstoles; nótese el proceso de crecimiento en la comprensión respecto a la inclusión de los gentiles en la iglesia (que culminó en «mucho debate» [Hch 15:17] en el concilio de Jerusalén, según Hechos 15), o el malentendido de Pedro sobre este asunto en Gálatas 2:11-15, o los frecuentes asuntos doctrinales y éticos que tuvieron que ser corregidos por las Epístolas del Nuevo Testamento. De hecho, en toda la historia de la

---

[4]El antiguo término para la claridad de la Biblia era *perspicuidad*, término que simplemente quiere decir «claridad». Ese término en sí mismo no es muy claro para la gente de hoy, y no lo he usado en este libro.

iglesia los desacuerdos doctrinales han sido muchos, y el progreso en resolver diferencias doctrinales a menudo ha sido lento.

A fin de ayudar a las personas a evitar cometer errores al interpretar la Biblia, muchos profesores bíblicos han desarrollado «principios de interpretación», o pautas para estimular el crecimiento en el arte de la interpretación apropiada. La palabra *hermenéutica* (de la palabra griega *jermeneúo*, «interpretar») es el término más técnico para este campo de estudio: *la hermenéutica es el estudio de los métodos correctos de interpretación* (especialmente interpretación de la Biblia).

Otro término técnico que a menudo se usa al considerar la interpretación bíblica es «exégesis», término que se refiere más a la práctica misma de interpretar la Biblia, no a las teorías y principios respecto a cómo se debe hacer: *exégesis es el proceso de interpretar un pasaje de la Biblia*. Consecuentemente, cuando uno estudia principios de interpretación, eso es *hermenéutica*, pero cuando uno aplica esos principios y empieza en realidad a explicar un pasaje bíblico, uno está haciendo «exégesis.

La existencia de muchos desacuerdos en cuanto al significado de la Biblia en toda la historia nos recuerda que la doctrina de la claridad de la Biblia no implica ni sugiere que todos los creyentes concordarán respecto a todas las enseñanzas de la Biblia. No obstante, sí nos dice algo muy importante: que el problema siempre está en nosotros, y no en la Biblia. La situación es, en verdad, similar a la de la autoridad de la Biblia. En tanto que afirmamos que las palabras de la Biblia tienen toda la autoridad de Dios mismo, también nos damos cuenta de que algunos no reconocen esa autoridad o no se someten a ella. Asimismo, afirmamos que todas las enseñanzas de la Biblia son claras y se pueden entender, pero también reconocemos que las personas a menudo (debido a sus propias limitaciones) entienden mal lo que está escrito claramente en la Biblia.

E. Estímulo práctico de esta doctrina

La doctrina de la claridad de la Biblia, por consiguiente, tiene una aplicación muy importante, y a la larga muy estimulante. Nos dice que en donde hay aspectos de desacuerdo doctrinal o ético (por ejemplo, sobre el bautismo, la predestinación o el gobierno de la iglesia), hay solo dos causas posibles: (1) Por un lado, puede deberse a que estamos *buscando hacer afirmaciones en donde la Biblia misma guarda silencio*. En tales casos debemos estar más dispuestos a reconocer que Dios no nos ha dado la respuesta a nuestra búsqueda, y dar lugar a los diferentes puntos de vista dentro de la iglesia. (Este es a menudo el caso con cuestiones muy prácticas, como los métodos de evangelización o estilos de enseñanza bíblica o el apropiado tamaño de una iglesia.) (2) Por otro lado, es posible que hayamos *cometido errores en nuestra interpretación* de la Biblia. Esto puede haberse debido a que la información que usamos para decidir un asunto de interpretación fue inexacta o incompleta; o a que hay alguna deficiencia personal de nuestra parte, como por ejemplo orgullo personal, codicia, falta de fe, egoísmo e incluso el no dedicar suficiente tiempo a leer y estudiar la Biblia .

Pero en ningún caso tenemos libertad para decir que la enseñanza de la Biblia sobre algún tema es confusa o que no se puede entender correctamente. En ningún caso debemos pensar que los desacuerdos persistentes sobre algún tema en toda la historia de la iglesia quieren decir que no podemos llegar a una conclusión correcta sobre ese tema por nosotros mismos. Más bien, si en nuestra vida surge una genuina inquietud respecto a algún tema, debemos sinceramente pedir la ayuda de Dios y entonces acudir a la Biblia e investigarla con toda nuestra capacidad, creyendo que Dios nos capacitará para entenderla correctamente.

Esta verdad debe dar gran estímulo a todos los creyentes a leer su Biblia diariamente y con gran anhelo. Nunca debemos dar por sentado, por ejemplo, que solo los que saben griego o hebreo, o solo los pastores o eruditos bíblicos, pueden entender correctamente la Biblia; recuerde que el Antiguo Testamento fue escrito en hebreo y que muchos de los creyentes para quienes se escribieron las cartas del Nuevo Testamento no tenían conocimiento del hebreo para nada; tuvieron que leer el Antiguo Testamento en una traducción al griego. Sin embargo, los escritores del Nuevo Testamento dieron por sentado que estas personas podían leerlo y entenderlo correctamente aun sin tener conocimiento académico del idioma original. Los cristianos nunca deben dejar en las manos de los «expertos» académicos la tarea de interpretar la Biblia; deben seguir haciéndolo todos los días por sí mismos[5].

Es más, aunque reconocemos que ha habido muchos desacuerdos doctrinales en la historia de la iglesia, no debemos olvidar que en toda esa historia ha habido una sorprendente cantidad de acuerdo doctrinal respecto a la mayoría de las verdades centrales de la Biblia. En verdad, los que han tenido oportunidades de tener comunión con creyentes en otras partes del mundo han descubierto el asombroso hecho de que dondequiera que hallemos un grupo de creyentes con vitalidad, casi de inmediato se hace aparente una amplia cantidad de acuerdo sobre todas las doctrinas centrales de la fe cristiana. ¿Por qué es esto cierto, sin que importe cuál sea la sociedad, cultura o afiliación denominacional? Es que todos han estado leyendo y creyendo la misma Biblia, y sus enseñanzas primarias han sido claras.

F. El papel de los eruditos

¿Desempeñan algún papel los eruditos bíblicos o los que poseen conocimiento especializado del hebreo (para el Antiguo Testamento) y del griego (para el Nuevo Testamento)? Ciertamente, hay un papel para ellos por lo menos en cuatro aspectos:

1. Pueden *enseñar* la Biblia con claridad y comunicar su contenido a otros, cumpliendo así el oficio de «maestro» mencionado en el Nuevo Testamento (1 Co 12:28; Ef 4:11).

2. Pueden *explorar* nuevas esferas de comprensión de las enseñanzas de la Biblia. Esta exploración muy rara vez (si acaso) incluye negación de las principales enseñanzas que la iglesia ha sostenido a través de los siglos, pero a menudo incluirá la aplicación de la Biblia a nuevos aspectos de la vida, el responder a preguntas difíciles que han levantado tanto creyentes como no creyentes en cada nuevo período de la historia, y la continua

---

[5]No es mi intención sugerir que la actividad de interpretar la Biblia se debe hacer en forma individual: Dios a menudo usa los escritos de otros o el consejo personal de otros para capacitarnos para entender correctamente su palabra. El principal punto es que cualquiera que sea el medio, y primordialmente mediante la lectura de la Biblia por sí mismos, los creyentes deben esperar que Dios los capacitará para entender apropiadamente las enseñanzas de la Biblia.

actividad de refinar y hacer más precisa la comprensión de la iglesia en cuanto a puntos detallados de interpretación de versículos individuales o asuntos de doctrina o ética. Aunque la Biblia puede no parecer muy grande en comparación a la vasta cantidad de literatura en el mundo, es un tesoro rico de sabiduría de Dios que supera en valor a todos los demás libros que jamás se han escrito. El proceso de relacionar sus varias enseñanzas entre sí, sintetizarlas, y aplicarlas a cada nueva generación, es una tarea grandemente satisfactoria que jamás quedará completa en esta edad. Todo erudito que ama profundamente la palabra de Dios pronto se dará cuenta de que hay en la Biblia mucho más de lo que se puede aprender en toda una vida.

3. Pueden *defender* las enseñanzas de la Biblia contra ataques de parte de otros eruditos o de los que tienen educación técnica especializada. El papel de enseñar la Palabra de Dios a veces también incluye corregir falsas enseñanzas. Uno debe poder no solo «exhortar a otros con la sana doctrina» sino también «refutar a los que se opongan» (Tit 1:9; cf. 2 Ti 2:25: «humildemente, debe corregir a los adversarios»; y Tit 2:7-8). A veces los que atacan las enseñanzas bíblicas tienen educación especializada y conocimiento técnico en cuestiones históricas, lingüísticas o filosóficas, y usan esa educación para lanzar ataques bastante sofisticados contra las enseñanzas de la Biblia. En tales casos, creyentes con destrezas especializadas similares pueden usar su educación para entender y responder a tales ataques. Tal capacitación también es muy útil para responder a las falsas enseñanzas de sectas y religiones falsas. Esto no es decir que los creyentes sin capacitación especializada no pueden responder a la enseñanza falsa (porque la mayoría de la falsa enseñanza la puede refutar claramente el creyente que ora y tiene un buen conocimiento de la Biblia en su idioma), sino más bien que los puntos técnicos en la argumentación los pueden contestar solamente los que tienen destreza en los aspectos técnicos que se traen a colación.

4. Pueden *suplementar* el estudio de la Biblia para beneficio de la iglesia. Los eruditos bíblicos a menudo tienen educación que los capacita para relacionar las enseñanzas de la Biblia con la rica historia de la iglesia, y hacer la interpretación de la Biblia más precisa y su significado más vívido con mayor conocimiento de los idiomas y culturas en que fue escrita la Biblia.

Estas cuatro funciones benefician a la iglesia como un todo, y todos los creyentes deben estar agradecidos de los que las realizan. Sin embargo, estas funciones *no* incluyen el derecho de decidir por la iglesia como un todo cuál es la doctrina verdadera o falsa, o cuál es la conducta apropiada en una situación difícil. Si tal derecho fuera privilegio de los eruditos bíblicos con educación formal, estos se convertirían en una élite gobernante de la iglesia, y la función ordinaria del gobierno de la iglesia según se describe en el Nuevo Testamento cesaría. El proceso de toma de decisiones para la iglesia se debe dejar a los oficiales de la iglesia, sean eruditos o no (y, en la forma congregacional de gobierno eclesiástico, no solo a los oficiales, sino también a los miembros de la iglesia como un todo).

PREGUNTAS PARA APLICACIÓN PERSONAL

1. Si la doctrina de la claridad de la Biblia es cierta, ¿por qué parece haber tanto desacuerdo entre creyentes en cuanto a las enseñanzas de la Biblia? Observando la

diversidad de interpretaciones de la Biblia, algunos concluyen: «La gente puede hacer que la Biblia diga lo que quieren que diga». ¿Cómo piensa usted que Jesús hubiera respondido a esta afirmación?

2. ¿Qué le sucedería a la iglesia si la mayoría de los creyentes dejaran de leer la Biblia por sí mismos y solo escucharan a sus maestros bíblicos o leyeran libros en cuanto a la Biblia? Si usted pensara que solo los eruditos expertos pueden entender la Biblia apropiadamente, ¿qué sería de su lectura personal de la Biblia? ¿Le ha sucedido esto en alguna medida en su vida o en la vida de conocidos suyos?

3. ¿Piensa usted que hay interpretaciones correctas y erradas de la mayoría de los pasajes de la Biblia? Si usted pensara que la Biblia es generalmente confusa, ¿cómo cambiaría su respuesta? ¿Afectaría una convicción en cuanto a la claridad de la Biblia el cuidado que usted pone al estudiar un pasaje bíblico? ¿Afectaría eso la manera en que usted acude a la Biblia al tratar de obtener una respuesta bíblica a algún problema difícil doctrinal o moral?

4. Si incluso profesores de seminarios tienen desacuerdos en cuanto a ciertas enseñanzas bíblicas, ¿pueden otros creyentes tener alguna esperanza de arribar a alguna decisión correcta sobre esa enseñanza? (Explique su respuesta). ¿Piensa usted que personas comunes entre los judíos en el tiempo de Jesús tuvieron dificultades para decidir si creerle a Jesús o a los expertos eruditos que discrepaban con él? ¿Esperaba Jesús que ellos pudieran decidir?

5. ¿Cómo puede un pastor predicar sermones basados en la Biblia cada domingo sin dar la impresión de que solo personas con educación de seminario (como él mismo) pueden interpretar correctamente la Biblia? ¿Piensa usted que sería bueno que alguna vez, en una controversia doctrinal o ética, un erudito bíblico hablara en una iglesia y basara sus principales argumentos en significados especiales de palabras griegas o hebreas que los mismos miembros de la iglesia no pueden evaluar ni llegar a conclusiones propias? ¿Hay alguna manera apropiada de que un erudito use tal conocimiento técnico en sus escritos o conferencias populares?

6. Algunos dirigentes de la iglesia en tiempos de Martín Lutero decían que querían mantener la Biblia en latín para evitar que el pueblo común la leyera y la interpretara mal. Evalúe este argumento. ¿Por qué piensa usted que Martín Lutero tenía tanto anhelo por traducir la Biblia al alemán? ¿Por qué, a su manera de ver, los dirigentes de la iglesia en siglos pasados habían perseguido e incluso matado a hombres: como Guillermo Tyndale en Inglaterra, que estaban traduciendo la Biblia al lenguaje del pueblo? ¿Por qué la tarea de traducir la Biblia a otros idiomas es tan importante como parte de la obra misionera?

7. ¿Significa la doctrina de la claridad de la Biblia que el Nuevo Testamento lo pueden entender plenamente personas que no tienen acceso al Antiguo Testamento?

TÉRMINOS ESPECIALES

claridad de la Biblia   hermenéutica
exégesis   perspicuidad

BIBLIOGRAFÍA

En esta sección he incluido varias obras sobre el desarrollo de mayores destrezas en la interpretación bíblica, incluyendo tres obras útiles por autores no evangélicos (una de Barr y dos de Hirsch).

Barr, James. *The Semantics of Biblical Language*. SCM, Oxford University Press, Londres, 1961.
Berkhof, Louis. *Principles of Biblical Interpretation*. Baker, Grand Rapids, 1950.
Carson, D. A. *Exegetical Fallacies*. Baker, Grand Rapids, 1984.
Dockery, David S. *Biblical Interpretation Then and Now: Contemporary Hermeneutics in the Light of the Early Church*. Baker, Grand Rapids, 1992.
Fee, Gordon D., y Douglas Stuart. *How to Read the Bible for All Its Worth* Zondervan, Grand Rapids, 1982.
Hirsch, E.D., Jr. *The Aims of Interpretation*. Chicago, University of Chicago Press, 1976.
_____. *Validity in Interpretation*. Yale University Press, New Haven y Londres, 1967.
Hubbard, Robert L., William W. Klein, y Craig L. Blomberg. *Introduction to Biblical Interpretation*. Word Books, Waco, Texas, 1993.
Inch, Morris A., y C. Hassell Bullock, eds. *The Literature and Meaning of Scripture*. Baker, Grand Rapids, 1981.
Kaiser, Walter C., Jr. *Toward an Exegetical Theology*. Baker, Grand Rapids, 1982.
Marshall, I. Howard, ed. *New Testament Interpretation: Essays on Principles and Methods*. Eerdmans, Grand Rapids, 1977.
McCown, Wayne, y James Earl Massey, eds. *Interpreting God's Word for Today: An Inquiry Into Hermeneutics From a Biblical Theological Perspective*. Wesleyan Theological Perspectives vol. 2. Warner Press, Anderson, Ind. 1982.
McKnight, Scot, ed. *Introducing New Testament Interpretation*. Baker, Grand Rapids, 1990.
_____. *Interpreting the Synoptic Gospels*. Baker, Grand Rapids, 1988.
Mickelsen, A. Berkeley. *Interpreting the Bible*. Eerdmans, Grand Rapids, 1963.
Osborne, Grant R. *The Hermeneutical Spiral: A Comprehensive Introduction to Biblical Interpretation*. Intervarsity Press, Downers Grove, IL, 1992.
Packer, J.I. «Infallible Scripture and the Role of Hermeneutics». En *Scripture and Truth*. Ed. por D. A. Carson y John Woodbridge. Zondervan, Grand Rapids, 1983, pp. 325-56.
_____. «Scripture». En *NDT* pp. 627-31.
Ramm, Bernard. *Protestant Biblical Interpretation*. 3ª ed. Baker, Grand Rapids, 1970.
Schultz, Samuel J., y Morris A. Inch, eds. *Interpreting the Word of God*. Festschrift in Honor of Steven Barabas. Moody, Chicago, 1976.
Silva, Moisés. *Biblical Words and TheirMeanings*. Zondervan, Grand Rapids, 1983.

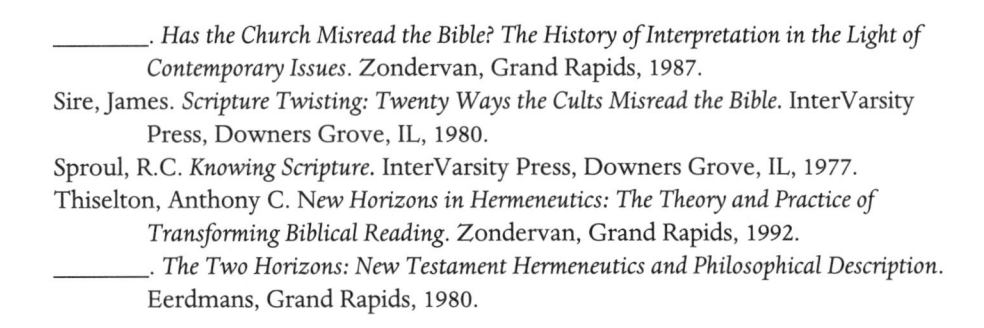

_____. *Has the Church Misread the Bible? The History of Interpretation in the Light of Contemporary Issues*. Zondervan, Grand Rapids, 1987.
Sire, James. *Scripture Twisting: Twenty Ways the Cults Misread the Bible*. InterVarsity Press, Downers Grove, IL, 1980.
Sproul, R.C. *Knowing Scripture*. InterVarsity Press, Downers Grove, IL, 1977.
Thiselton, Anthony C. *New Horizons in Hermeneutics: The Theory and Practice of Transforming Biblical Reading*. Zondervan, Grand Rapids, 1992.
_____. *The Two Horizons: New Testament Hermeneutics and Philosophical Description*. Eerdmans, Grand Rapids, 1980.

PASAJE BÍBLICO PARA MEMORIZAR

Deuteronomio 6:6-7: *Grábate en el corazón estas palabras que hoy te mando. Incúlcaselas continuamente a tus hijos. Háblales de ellas cuando estés en tu casa y cuando vayas por el camino, cuando te acuestes y cuando te levantes.*

HIMNO

«Los cielos anuncian tus obras»

Este himno, basado en el Salmo 19 nos recuerda, especialmente en la segunda y tercera estrofas, muchas de las cualidades excelentes de las Escrituras, y entre ellas el hecho de que fueron escritas con claridad: «El testimonio de Jehová es fiel, que hace sabio al sencillo.»

Los cielos anuncian tus obras, Señor,
La gloria y potencia de su Creador;
El día y la noche levantan su voz,
Y en toda la tierra alaban a Dios.
Oh Dios, tu palabra es fiel y veraz;
A los que la guardan da gozo y paz.
Tus leyes perfectas y límpidas son;
Tu sabiduría da al corazón.

Tus juicios excelsos son mucho mejor
Que oro o joyas de grande valor;
Aun miel que destila del rico panal
No tiene dulzura que sea igual.
Que cada palabra que expresa mi voz,
Las meditaciones de mi corazón,
A ti sean gratas, te imploro, Señor,
Mi Roca eterna y mi Redentor.

BASADO EN EL SALMO 19, ADAPT. ESTEBAN SYWULKA B.
(TOMADO DE CELEBREMOS SU GLORIA, # 271).

Capítulo 7

LAS CUATRO CARACTERÍSTICAS DE LAS ESCRITURAS: (3) NECESIDAD

¿Para qué es necesaria la Biblia?
¿Cuánto pueden las personas saber de Dios sin la Biblia?

¿Necesitamos tener la Biblia, o tener alguien que nos diga lo que la Biblia dice, a fin de saber que Dios existe? ¿La necesitamos para saber que somos pecadores que necesitan salvación? ¿La necesitamos para saber cómo hallar la salvación? ¿La necesitamos para conocer la voluntad de Dios en cuanto a nuestra vida? Preguntas como estas son las que una investigación de la necesidad de la Biblia intenta contestar.

EXPLICACIÓN Y BASE BÍBLICA

La necesidad de la Biblia se puede definir como sigue: *Tener necesidad de la Biblia quiere decir que necesitamos la Biblia para conocer el Evangelio, para mantener la vida espiritual y para conocer la voluntad de Dios, pero no la necesitamos para saber que Dios existe ni para saber algo en cuanto al carácter de Dios y sus leyes morales.*

Esa definición ahora se puede explicar en sus varias partes[1].

---

[1] Como indican secciones subsiguientes, cuando esta definición dice que la Biblia es necesaria para ciertas cosas, no quierodecir que en realidad sea necesario un ejemplar impreso de la Biblia para cada persona, porque algunos oyen la Biblia leída en voz alta u oyen a otros que les dicen algo del contenido de la Biblia. Pero incluso estas comunicaciones orales del contenido de la Biblia se basan en la existencia de ejemplares escritos de la Biblia a los cuales otros tienen acceso.

CAPÍTULO 7 · LA NECESIDAD DE LAS ESCRITURAS

A. La Biblia es necesaria para conocer el Evangelio

En Romanos 10:13-17 Pablo dice:

Porque «todo el que invoque el nombre del Señor será salvo». Ahora bien, ¿cómo invocarán a aquel en quien no han creído? ¿Y *cómo creerán en aquel de quien no han oído?* ¿Y cómo oirán si no hay quien les predique?…Así que *la fe viene como resultado de oír el mensaje,* y el mensaje que se oye es la palabra de Cristo.

Esta afirmación sigue la siguiente línea de razonamiento: (1) Primero, da por sentado que uno debe invocar el nombre del Señor para ser salvo. (En el uso paulino generalmente y en este contexto específico [vea v. 9], «el Señor» se refiere al Señor Jesucristo). (2) Una persona solo puede invocar el nombre de Cristo si cree en él (es decir, que él es un Salvador digno de invocar y que responderá a los que le invocan). (3) Nadie puede creer en Cristo a menos que haya oído de él. (4) Nadie puede oír de Cristo a menos que alguien le hable de Cristo (un «predicador»). (5) La conclusión es que la fe que salva viene por el oír (es decir, por oír el mensaje del Evangelio), y este oír el mensaje del Evangelio viene mediante la predicación de Cristo. La implicación parece ser que sin oír la predicación del Evangelio de Cristo nadie puede ser salvo[2].

Este pasaje es uno de los varios que muestran que la salvación eterna viene solo mediante la creencia en Cristo y no hay otro camino. Hablando de Cristo, Juan 3:18 dice: «El que cree en él no es condenado, pero *el que no cree ya está condenado* por no haber creído en el nombre del Hijo unigénito de Dios». De manera similar, en Juan 14:6 Jesús dice: «Yo soy el camino, la verdad y la vida. Nadie llega al Padre sino por mí».

Pedro, cuando lo llevaron ante el sanedrín, dijo: «*En ningún otro hay salvación,* porque no hay bajo el cielo otro nombre dado a los hombres mediante el cual podamos ser salvos» (Hch 4:12). Por supuesto, la exclusividad de la salvación por Cristo se debe a que Jesús es el único que murió por nuestros pecados y el único que pudo haberlo hecho. Pablo dice: «Porque *hay un solo Dios y un solo mediador entre Dios y los hombres, Jesucristo hombre, quien dio su vida como rescate por todos*» (1 Ti 2:5-6). No hay otra manera de reconciliarnos con Dios que por medio de Cristo, porque no hay otra manera de lidiar con la culpa de nuestros pecados ante un Dios santo.

Pero si las personas solo pueden salvarse por fe en Cristo, alguien pudiera preguntar cómo los creyentes bajo el antiguo pacto podían salvarse. La respuesta debe ser que los que se salvaron bajo el antiguo pacto también se salvaron mediante la fe en Cristo, aunque su fe fue una fe que miraba hacia adelante basada en la Palabra de Dios que prometía el advenimiento de un Mesías o un Redentor. Hablando de creyentes del Antiguo Testamento como Abel, Enoc, Noé, Abraham y Sara, el autor de Hebreos dice: «*Todos ellos vivieron por la fe,* y murieron sin haber recibido las cosas prometidas; más bien, *las reconocieron a lo lejos*» (Heb 11:13). El mismo capítulo pasa a decir que Moisés «consideró

---

[2]Alguien podría objetar que el versículo que sigue, Ro 10:18, al citar Sal 19:4: «por toda la tierra resuena su eco, sus palabras llegan hasta los confines del mundo», implica que toda persona en todas partes ya ha oído el mensaje del evangelio el mensaje de Cristo. Pero en el contexto del Salmo 19 el versículo 4 sólo habla del hecho de que la creación natural, especialmente los cielos, proclaman la gloria de Dios y la grandeza de su actividad creadora. No hay pensamiento aquí de la proclamación de salvación por medio de Cristo. La idea de que toda persona en toda parte haya oído el evangelio de Cristo mediante la revelación natural sería contraria a las actividades misioneras de Pablo.

que el oprobio *por causa del Mesías* (o Cristo) era una mayor riqueza que los tesoros de Egipto, porque tenía la mirada puesta en la recompensa» (Heb 11:26). Y Jesús puede decir de Abraham: «Abraham, el padre de ustedes, se regocijó al pensar que vería mi día; *y lo vio y se alegró*» (Jn 8:56). Esto, de nuevo, evidentemente se refiere a la alegría de Abraham al mirar hacia adelante al día del Mesías prometido. De este modo, incluso los creyentes del Antiguo Testamento tuvieron fe salvadora en Cristo, a quien miraban por delante, no con el conocimiento exacto de los detalles históricos de la vida de Cristo, sino con gran fe en la absoluta confiabilidad de la promesa de Dios.

La Biblia es necesaria para la salvación, entonces, en este sentido: uno debe o bien leer el mensaje del Evangelio en la Biblia, u oírlo de otra persona. Incluso los creyentes que llegaron a la salvación en el antiguo pacto lo hicieron confiando en las palabras de Dios con las que prometió un Salvador.

Es más, estas repetidas instancias de personas que confiaron en las *palabras* de la promesa de Dios, junto con los versículos mencionados antes que afirman la necesidad de oír de Cristo y creer en él, parecen indicar que los pecadores necesitan más sobre qué apoyar su fe que simplemente una idea intuitiva de que Dios tal vez pudiera proveer un medio de salvación. Parece que el único cimiento suficientemente firme para apoyar uno la fe es la *palabra* misma de Dios (sea hablaba o escrita). Esto, en los tiempos más antiguos vino en una forma muy breve, pero desde el mismo principio tenemos evidencia de *palabras* de Dios que prometían la salvación que vendría, palabras en las que confiaron los que Dios llamó a sí mismo.

Por ejemplo, incluso en la vida de Adán y Eva hay palabras de Dios que señalan hacia una salvación futura; en Génesis 3:15 la maldición a la serpiente incluye una promesa de que la simiente de la mujer (uno de sus descendientes) aplastaría la cabeza de la serpiente pero él mismo caería herido en el proceso, promesa que un día se cumplió en Cristo. El hecho de que los dos primeros hijos de Adán y Eva, Caín y Abel, ofrecieran sacrificios al Señor (Gn 4:3-4) indica que tenían conciencia de la necesidad de hacer algún tipo de pago por sus pecados y de la promesa de Dios de aceptar los sacrificios que ofrecieran de manera apropiada. Génesis 4:7: «Si hicieras lo bueno, podrías andar con la frente en alto» expresa de nuevo, de manera breve, la palabra de Dios en que ofrecía algún tipo de salvación al que confiara en su promesa. Conforme progresaba la historia del Antiguo Testamento, las palabras de Dios que expresaban promesas se iban haciendo cada vez más específicas, y la fe del pueblo de Dios que miraba hacia delante se fue haciendo cada vez más definida. Sin embargo, siempre parece haber habido una fe apoyada específicamente en las *palabras* del mismo Dios.

Así que, aunque más adelante se argumentará que aparte de la Biblia las personas pueden saber que Dios *existe* y pueden saber algo de sus *leyes*, parece que no hay posibilidad de llegar a tener *una fe que salva* aparte del conocimiento específico de las palabras de la promesa de Dios.

B. La Biblia es necesaria para mantener la vida espiritual

Jesús dijo en Mateo 4:4 (citando Dt 8:3): «No sólo de pan vive el hombre, sino de toda palabra que sale de la boca de Dios». Aquí Jesús indica que nuestra vida espiritual se

CAPÍTULO 7 · LA NECESIDAD DE LAS ESCRITURAS

mantiene mediante la alimentación diaria con la Palabra de Dios, tal como nuestra vida física se mantiene por la nutrición diaria con alimento físico. Descuidar la lectura regular de la palabra de Dios es perjudicial para la salud del alma, así como descuidar el alimento físico es perjudicial para la salud de nuestro cuerpo.

De modo similar, Moisés le dice al pueblo de Israel la importancia de las palabras de Dios para la vida: «Porque no son palabras vanas para ustedes, sino que de ellas *depende su vida;* por ellas vivirán mucho tiempo en el territorio que van a poseer al otro lado del Jordán» (Dt 32:47); y Pedro anima a los creyentes, a quienes les escribe diciéndoles: «Deseen con ansias la leche pura de la palabra, como niños recién nacidos. Así, por medio de ella, crecerán en su salvación» (1 P 2:2). La «leche pura de la palabra» en este contexto se debe referir a la Palabra de Dios de la cual Pedro ha estado hablando (vea 1 P 1:23-25). La Biblia, entonces, es necesaria para mantener la vida espiritual y para el crecimiento en la vida cristiana.

C. La Biblia es necesaria para el conocimiento certero de la voluntad de Dios

Más adelante se explicará que toda persona que jamás ha nacido tiene *algún* conocimiento de la voluntad de Dios mediante su conciencia. Pero este conocimiento a menudo es indistinto y no puede dar certeza. A decir verdad, si *no* hubiera palabra de Dios escrita, *no podríamos* tener certeza en cuanto a la voluntad de Dios por otros medios tales como la conciencia, el consejo de otros, el testimonio interno del Espíritu Santo, circunstancias cambiantes, y el uso de razonamiento santificado y sentido común. Todo esto puede darnos una aproximación a la voluntad de Dios en maneras más o menos confiables, pero de estos medios por sí solos no se puede lograr ninguna certeza en cuanto a la voluntad de Dios, por lo menos en un mundo caído en donde el pecado distorsiona nuestra percepción del bien y el mal, inserta razonamiento defectuoso en nuestro proceso de pensamiento, y nos hace suprimir de tiempo en tiempo el testimonio de nuestra conciencia (cf. Jer 17:9; Ro 2:14-15; 1 Co 8:10; Heb 5:14; 10:22; también 1 Ti 4:2; Tit 1:15).

En la Biblia, sin embargo, tenemos afirmaciones claras y definitivas en cuanto a la voluntad de Dios. Él no nos ha revelado todas las cosas, pero sí nos ha revelado lo suficiente para que sepamos su voluntad: «Lo secreto le pertenece al Señor nuestro Dios, pero *lo revelado nos pertenece a nosotros y a nuestros hijos para siempre,* para que obedezcamos todas las palabras de esta ley» (Dt 29:29). Como fue en el tiempo de Moisés, así lo mismo con nosotros ahora: Dios nos ha revelado sus palabras para que podamos obedecer sus leyes y por consiguiente hacer su voluntad. Los que son «intachables» ante Dios son «los que andan conforme a la ley del Señor» (Sal 119:1). El hombre «dichoso» es el que no sigue la voluntad de los malos (Sal 1:1), sino que se deleita «en la ley del Señor», y medita en la ley de Dios «día y noche» (Sal 1:2). Amar a Dios (y por lo tanto actuar de una manera que le agrade a él) es «guardar sus mandamientos» (1 Jn 5:3). Para tener conocimiento cierto de la voluntad de Dios, entonces, debemos procurarlo mediante el estudio de la Biblia.

De hecho, en cierto sentido se puede afirmar que la Biblia es necesaria para conocimiento cierto de cualquier cosa. El filósofo pudiera argumentar como sigue: El hecho de que no lo sepamos todo requiere que no tengamos certeza en cuanto a todo lo que afirmamos saber. Esto es porque cualquier dato que nos es ahora desconocido pudiera aflorar y demostrar que lo que habíamos pensado que era verdad en realidad es falso. Por ejemplo, pensamos que sabemos nuestra fecha de nacimiento, nuestro nombre, nuestra edad, etcétera. Pero debemos reconocer que es posible que algún día pudiéramos hallar que nuestros padres nos dieron información falsa y nuestro conocimiento «cierto» es incorrecto. Respecto a los acontecimientos que personalmente hemos experimentado, todos nos damos cuenta cómo es posible que «recordemos» palabras o acontecimientos incorrectamente y que más tarde nos veamos corregidos por información más precisa. Podemos por lo general tener más certeza en cuanto a acontecimientos de nuestra experiencia presente, en tanto y en cuanto siga siendo presente (pero incluso eso, alguien pudiera aducir, pudiera ser un sueño, ¡y descubriremos eso solo cuando nos despertemos!). En cualquier caso, es difícil responder a la pregunta del filósofo: Si no tenemos *todos* los datos sobre el universo, pasados, presentes y futuros, ¿cómo vamos a tener la *certeza* de que tenemos la información correcta acerca de algún dato?

En última instancia hay solo dos soluciones posibles a este problema: (1) debemos adquirir todos los datos del universo a fin de estar seguros de que ningún dato que se pudiera descubrir subsiguientemente demuestre que nuestras ideas presentes son falsas; o (2) alguien que *en efecto* tiene todos los datos del universo, y que nunca miente, pudiera ofrecernos algunos datos verdaderos para que podamos tener la seguridad que jamás serán contradichos.

Esta segunda solución es, en verdad, lo que tenemos en las palabras de Dios en la Biblia. Dios sabe todos los datos que siempre han existido y los que van a existir; y este Dios que es omnisciente (todo lo sabe) tiene conocimiento absoluto; no puede haber ningún dato que él no conozca ya; y por eso, nunca podrá haber nada que demuestre que algo que Dios piensa es falso. Es de esta infinita bodega de conocimientos ciertos de lo que Dios, que nunca miente, nos ha hablado en la Biblia, en la cual nos ha dicho muchas cosas verdaderas en cuanto a sí mismo, en cuanto a nosotros mismos y en cuanto al universo que él hizo. Jamás podrá aparecer ningún dato que contradiga la verdad que haya dicho este Ser omnisciente.

Por tanto, es apropiado que tengamos *más certeza* en cuanto a las verdades que leemos en la Biblia que en cuanto a cualquier otro conocimiento que tengamos. Si vamos a hablar de grados de certeza del conocimiento que tenemos, el conocimiento que obtenemos de la Biblia tendría el grado más alto de certeza; si la palabra «cierto» se puede aplicar a alguna clase de conocimiento humano, se puede aplicar a este conocimiento[3].

Este concepto de la certeza del conocimiento que obtenemos de la Biblia entonces nos da una base razonable para afirmar la corrección de mucho del resto del conocimiento

---

[3] Esta afirmación da por sentado que nos hemos convencido de que la Biblia es en verdad las mismas palabras de Dios, y que hemos entendido correctamente por lo menos algunas porciones de la Biblia. Sin embargo, en este punto, la doctrina de la claridad de la Biblia que se consideró en el capítulo previo nos asegura que podemos entender correctamente las enseñanzas de la Biblia, y el testimonio abrumador de la Biblia de su autoría divina (que se consideran en los capítulos arriba respecto a las diferentes formas de la palabra de Dios y en cuanto a la autoridad de la Biblia), inducida en nosotros por la obra del Espíritu Santo, nos convence de la autoría divina de la Biblia. En este sentido, el argumento tiene una forma no tanto circular como en espiral, en el que cada sección de la doctrina de la Biblia refuerza a la otra y ahonda nuestra persuasión de la veracidad de otras secciones de la doctrina de la Biblia. Por este proceso nuestra persuasión de que la Biblia es la palabra de Dios, que es verdad, que es clara, y que el conocimiento cierto que obtenemos de ella es cierto, se vuelve más y más fuerte mientras más estudiamos y reflexionamos en ella. Podemos, por supuesto, hablar de grados de certeza que podríamos obtener respecto al hecho de que la Biblia es la palabra de Dios, y grados de certeza de que nuestra interpretación de alguna de sus enseñanzas es correcta. Luego, desde el punto de vista de la experiencia personal del individuo, podríamos decir que nuestra certeza de la corrección del conocimiento que tenemos de la Biblia crece en proporción a nuestra certeza en cuanto al carácter exhalado por Dios y claridad de la Biblia.

Sin embargo, desde el punto de vista teológico, si empezamos con un acuerdo de que la Biblia es exhalada por Dios y que en efecto entendemos

que tengamos. Leemos la Biblia y hallamos que su concepto del mundo que nos rodea, de la naturaleza humana y de nosotros mismos corresponde estrechamente con la información que hemos obtenido de nuestras propias experiencias sensoriales en el mundo que nos rodea. Así que nos sentimos animados a confiar en nuestras experiencias sensoriales del mundo que nos rodea; nuestras observaciones corresponden con la verdad absoluta de la Biblia; por consiguiente, nuestras observaciones también son ciertas y, en general, confiables. Tal certeza en la confiabilidad general de las observaciones hechas con nuestros ojos y oídos queda confirmada adicionalmente por el hecho de que es Dios quien hizo estas facultades y que en la Biblia frecuentemente nos anima a usarlas (compare también Pr 20:12: «Los oídos para oír y los ojos para ver: ¡hermosa pareja que el Señor ha creado!»).

De esta manera, el creyente que toma la Biblia como Palabra de Dios escapa del escepticismo filosófico en cuanto a la posibilidad de obtener conocimiento cierto con nuestras mentes finitas. En este sentido, entonces, es correcto decir que para las personas que no son omniscientes, la Biblia es necesaria para tener conocimiento cierto de cualquier cosa.

Este hecho es importante para la explicación que sigue, en donde afirmamos que los que no creen *pueden* saber algo en cuanto a Dios partiendo de la revelación general que se ve en el mundo que los rodea. Aunque esto es verdad, debemos reconocer que en un mundo caído el conocimiento que se obtiene por observación del mundo siempre es imperfecto y siempre proclive a error o interpretación errada. Por consiguiente, el conocimiento de Dios y la creación que se obtiene de la Biblia se debe usar para interpretar correctamente la creación que nos rodea. Usando los términos teológicos que definiremos más adelante, podemos decir que necesitamos revelación especial para interpretar correctamente la revelación general[4].

D. Pero la Biblia no es necesaria para saber que Dios existe

¿Qué de los que no leen la Biblia? ¿Pueden ellos obtener algún conocimiento de Dios? ¿Pueden saber algo en cuanto a las leyes de Dios? Sí; sin la Biblia algún conocimiento de Dios es posible, aun si no es conocimiento absolutamente cierto.

Los seres humanos pueden obtener cierto conocimiento *de que Dios existe* y cierto conocimiento de *algunos de sus atributos* simplemente observándose a sí mismos y al mundo que los rodea. David dice: «*Los cielos cuentan la gloria de Dios,* el firmamento proclama la obra de sus manos» (Sal 19:1). Mirar el firmamento es ver evidencia del poder infinito, sabiduría e incluso belleza de Dios; es observar un testigo majestuoso de la gloria de Dios. De manera similar, Bernabé y Pablo les hablaron a los habitantes griegos de Listra en cuanto al Dios viviente que hizo los cielos y la tierra: «En épocas pasadas él permitió que todas las naciones siguieran su propio camino. Sin embargo, *no ha dejado de dar testimonio de sí mismo* haciendo el bien, dándoles lluvias del cielo y estaciones fructíferas, proporcionándoles comida y alegría de corazón» (Hch 14:16-17). Las lluvias y las estaciones

---

sus enseñanzas (por lo menos sus enseñanzas principales) correctamente, entonces es apropiado decir que el conocimiento que obtenemos de la ella es más cierto que cualquier otro conocimiento que tengamos.

[4]Vea en la sección E definiciones de la revelación general y revelación especial.

fructíferas, la comida que produce la tierra, y la alegría de corazón de las personas dan testimonio del hecho de que su Creador es un Dios de misericordia, de amor e incluso de alegría. Estas evidencias de Dios están en toda la creación que nos rodea para que las vean los que están dispuestos a verlas.

Incluso aquellos que en su maldad suprimen la verdad no pueden evadir las evidencias de la existencia y naturaleza de Dios en el orden creado:

> Lo que se puede conocer acerca de Dios es evidente para ellos, pues él mismo se lo ha revelado. Porque desde la creación del mundo las cualidades invisibles de Dios, es decir, su eterno poder y su naturaleza divina, se perciben claramente a través de lo que él creó, de modo que nadie tiene excusa. A pesar de haber conocido a Dios, no lo glorificaron como a Dios ni le dieron gracias, sino que se extraviaron en sus inútiles razonamientos, y se les oscureció su insensato corazón. (Ro 1:19-21)

Aquí Pablo dice no solo que la creación da evidencia de la existencia y carácter de Dios, sino que también incluso los perversos reconocen esa evidencia. Lo que se puede saber de Dios «es evidente para ellos» y en verdad «a pesar de haber conocido a Dios» (evidentemente, sabían quién era Dios), «no lo glorificaron como a Dios ni le dieron gracias». Este pasaje nos permite decir que toda persona, incluso la más perversa, tiene algún conocimiento interno o percepción de que Dios existe y de que es un Creador poderoso. Este conocimiento se ve «a través de lo que él creó», frase que se refiere a toda la creación. Sin embargo, es probable que al ver a los seres humanos creados a imagen de Dios —es decir, al verse a sí mismos y a otras personas— incluso los perversos ven la grandiosa evidencia de la existencia y naturaleza de Dios[5].

Así que, incluso sin la Biblia, todas las personas que han existido han tenido evidencia en la creación de que Dios existe, que es el Creador y ellas son sus criaturas, y también han tenido alguna evidencia del carácter de Dios. Como resultado, ellas mismas han sabido algo en cuanto a Dios partiendo de esta evidencia (aunque nunca se dice que este sea un conocimiento que pueda llevarlos a la salvación).

E. Es más, la Biblia no es necesaria para saber algo en cuanto al carácter de Dios y sus leyes morales

En Romanos 1 Pablo pasa a mostrar que incluso los que creen que no tienen registro escrito de las leyes de Dios tienen en la conciencia algún entendimiento de las demandas morales de Dios. Hablando de una larga lista de pecados («envidia, homicidios, contiendas, engaños»), Pablo dice que los malos que las practican, «*Saben bien que, según el justo decreto de Dios, quienes practican tales cosas merecen la muerte*; sin embargo, no solo siguen practicándolas sino que incluso aprueban a quienes las practican» (Ro 1:32). Los malos saben que su pecado es un mal, por lo menos en gran medida.

---

[5] El teólogo suizo Karl Barth (1886-1968) negaba que el hombre natural pueda saber algo de Dios mediante la revelación general que se halla en la naturaleza, pero insistía en que el conocimiento de Dios puede venir solo mediante un conocimiento de la gracia de Dios en Cristo. Su rechazo radical de la revelación natural no ha ganado aceptación general; descansa en una noción improbable de que Ro 1:21 se refiere a un conocimiento de Dios en teoría pero no de hecho.

CAPÍTULO 7 · LA NECESIDAD DE LAS ESCRITURAS

Pablo entonces habla de la actividad de la conciencia en los gentiles que no tienen la ley escrita:

> De hecho, cuando los gentiles, que no tienen la ley, cumplen por naturaleza lo que la ley exige, ellos son ley para sí mismos, aunque no tengan la ley. Éstos muestran *que llevan escrito en el corazón lo que la ley exige,* como lo atestigua su conciencia, pues sus propios pensamientos algunas veces los acusan y otras veces los excusan. (Ro 2:14-15)

La conciencia de los que no creen les da testimonio de las normas morales de Dios, pero a veces esta evidencia de la ley de Dios en el corazón de los que no creen es distorsionada o se suprime[6]. Algunos de sus pensamientos los «acusan» y a veces sus pensamientos los «excusan», dice Pablo. El conocimiento de las leyes de Dios derivado de tales fuentes nunca es perfecto, pero es suficiente para dar conciencia de las demandas morales de Dios a toda la humanidad. (Es sobre esta base que Pablo afirma que todo ser humano es culpable ante Dios por el pecado, incluso los que no tienen las leyes de Dios escritas en la Biblia.)

El conocimiento de la existencia, carácter y ley moral de Dios, que viene por creación a toda la humanidad, a menudo se llama *«revelación general»* (porque viene a toda persona en general)[7]. La revelación general viene al observar la naturaleza, al ver a Dios influyendo directamente en la historia, y mediante el sentido interno de la existencia de Dios y sus leyes que él ha colocado dentro de todo ser humano. La revelación general es distinta de la *«revelación especial»* que se refiere a las palabras de Dios dirigidas a personas específicas, tales como las palabras de la Biblia, las palabras de los profetas del Antiguo Testamento y los apóstoles del Nuevo Testamento, y las palabras de Dios dichas en discurso personal, tales como en el monte Sinaí o el bautismo de Jesús[8].

La revelación especial incluye todas las palabras de la Biblia, pero no se limita a las palabras de la Biblia, porque también incluye, por ejemplo, muchas palabras de Jesús que no están registradas en la Biblia, y probablemente hubo muchas palabras dichas por los profetas del Antiguo Testamento y los apóstoles del Nuevo Testamento que tampoco están anotadas en la Biblia.

La verdad de que toda persona sabe algo de las leyes morales de Dios es una gran bendición para la sociedad, porque si no las supieran no habría ningún freno social para el mal que las personas harían y ningún freno de parte de su conciencia. Pero debido a

---

[6]La conciencia de los no creyentes es suprimida o se endurece en varios aspectos de moralidad, dependiendo de las influencias culturales y circunstancias personales. Una sociedad caníbal, por ejemplo, tendrá muchos miembros cuya conciencia está endurecida y es insensible respecto al mal del homicidio, en tanto que la sociedad estadounidense, por ejemplo, exhibe muy poca sensibilidad de conciencia respecto al mal de falsedad en el habla, o falta de respeto por la autoridad de los padres, o por la inmoralidad sexual. Es más, individuos que cometen repetidamente un cierto pecado a menudo hallan que los aguijonazos de la conciencia disminuyen con el tiempo; un ladrón puede sentirse muy culpable después de su primer o segundo robo, pero sentir escasa culpa después de haber robado veinte veces. El testimonio de la conciencia todavía está allí en cada caso, pero lo suprime la maldad repetida.

[7]Para una amplia consideración de la historia de la doctrina de la revelación general y su base en la Biblia, vea Bruce Demarest, General Revelation (Zondervan, Grand Rapids, 1982); vea también la excelente consideración de esta doctrina en Gordon R. Lewis y Bruce A. Demarest, Integrative Theology 1:59–91.

[8]Vea en el capítulo 2, pp. 48–50, una consideración de las palabras de Dios en habla personal, las palabras de Dios dichas por labios humanos, y las palabras de Dios en la Biblia, todo lo cual cae en la categoría de revelación especial.

que hay algún conocimiento común del bien y del mal, los creyentes a menudo pueden hallar mucho consenso con los que no son cristianos en cuestiones de ley civil, normas de la comunidad, ética comercial básica y actividad profesional, y patrones aceptables de conducta en la vida ordinaria. Es más, podemos apelar al sentido de bien dentro del corazón de las personas (Ro 2:14) al intentar lograr que se emitan mejores leyes o que se descarten leyes malas, o enderezar algunas de las injusticias en la sociedad que nos rodea. El conocimiento de la existencia y carácter de Dios también provee una base de información que permite que el Evangelio tenga sentido en el corazón y la mente del que no es creyente; los que no creen saben que Dios existe y que han roto sus normas, así que las noticias de que Cristo murió para pagar por sus pecados deben ser verdaderamente *buenas noticias* para ellos.

Sin embargo, se debe martillar que la Biblia en ninguna parte indica que alguien pueda conocer el Evangelio, o saber el camino de salvación, mediante la revelación general. Las personas pueden saber que Dios existe, que es su Creador, que le deben obediencia, y que han pecado contra él. La existencia de sistemas de sacrificios en religiones primitivas en toda la historia atestigua el hecho de que las personas pueden saber estas cosas claramente aparte de la Biblia. Las repetidas «lluvias y temporadas fructíferas» mencionadas en Hechos 14:17 pueden incluso guiar a algunos a razonar que Dios no solo es santo y justo sino también un Dios amoroso y perdonador. Pero cómo la *santidad y la justicia* de Dios jamás se pueden reconciliar con su *disposición para perdonar pecados* es un misterio que jamás ha sido resuelto por ninguna religión aparte de la Biblia. Tampoco la Biblia nos da ninguna esperanza de que de alguna manera se le pueda descubrir aparte de la revelación específica de Dios. Es la gran maravilla de nuestra redención que Dios mismo ha provisto el camino de salvación al enviar a su propio Hijo, que es a la vez Dios y hombre, para que sea nuestro representante y lleve la pena de nuestro pecado, combinando así la justicia y el amor de Dios en un acto infinitamente sabio y de gracia asombrosa. Este hecho, que parece tan común al oído cristiano, no debe dejar de asombrarnos; jamás podría haberlo concebido el hombre aparte de la revelación especial y verbal de Dios.

Es más, incluso si alguno que sigue una religión primitiva pudiera pensar que Dios de alguna manera *debe haber* pagado él mismo la pena de nuestros pecados, tal pensamiento sería solamente una especulación extraordinaria. Jamás podría sostenerse con suficiente certeza como para que fuera base en la cual apoyar la fe que salva, a menos que Dios mismo confirmara con sus propias palabras tal especulación, es decir, las palabras del Evangelio proclamando bien que eso en verdad iba a suceder (si la revelación vino en el tiempo antes de Cristo) o que ya ha sucedido (si la revelación vino en tiempo después de Cristo). La Biblia nunca considera la especulación humana aparte de la Palabra de Dios como suficiente base en la cual *decir* que esa es la fe que salva. La fe que salva, según la Biblia, siempre es la confianza en Dios que se apoya en la veracidad de las propias palabras de Dios[9].

---

[9]En el Nuevo Testamento también debemos notar que se dice que es específicamente la palabra de Dios el agente que él usa para dar vida espiritual al ser humano (St 1:18; 1 P 1:23).

PREGUNTAS PARA APLICACIÓN PERSONAL

1. Cuando usted le está testificando a alguien que no es creyente, ¿qué es lo que usted querría por sobre todo lo demás que esa persona leyera? ¿Conoce usted a alguien que alguna vez llegó a ser creyente sin haber leído la Biblia o haber oído que alguien le decía lo que la Biblia afirma? ¿Cuál es, entonces la tarea primordial del misionero evangelizador? ¿Cómo debe la necesidad de la Biblia afectar nuestra orientación misionera?

2. ¿Provee usted a su alma el alimento espiritual de la Palabra tan cuidadosa y diligentemente como alimenta su cuerpo con alimento físico? ¿Qué nos hace tan insensibles espiritualmente que sentimos el hambre física más intensamente que el hambre espiritual? ¿Cuál es el remedio?

3. Al buscar activamente la voluntad de Dios, ¿en dónde deberíamos estar la mayor parte de nuestro tiempo y a qué deberíamos dedicar nuestro esfuerzo? En la práctica, ¿en dónde pasa usted la mayor parte de su tiempo y a qué dedica su esfuerzo al buscar la voluntad de Dios? ¿Cree que los principios de Dios en la Biblia están en conflicto con lo que parece ser la dirección que recibimos de sentimientos, conciencia, consejo, circunstancias, razonamiento humano o sociedad? ¿Cómo debemos tratar de resolver el conflicto?

4. ¿Es tarea inútil esforzarnos por una legislación civil basada en normas que estén de acuerdo con los principios morales de Dios que señala la Biblia? ¿Por qué hay buena razón para esperar que a la larga podamos persuadir a una gran mayoría de nuestra sociedad que adopte leyes congruentes con las normas bíblicas? ¿Qué podría estorbar este esfuerzo?

TÉRMINOS ESPECIALES

necesidad de la Biblia
revelación especial
revelación general
revelación natural

BIBLIOGRAFÍA

Berkouwer, G.C. *General Revelation*. (No se da nombre de traductor) Eerdmans, Grand Rapids, 1955.
Demarest, Bruce A. *General Revelation*. Zondervan, Grand Rapids, 1982.
_____. «Revelation, General». En *EDT* pp. 944-45.
Henry, Carl F.H. «Revelation, Special». En *EDT* pp. 945-48.
Kuyper, Abraham. *Principles of Sacred Theology*. Trad. por J. H. de Vries. Eerdmans, Grand Rapids, 1968, pp. 341-405 (originalmente publicada como *Encyclopedia of Sacred Theology* en 1898).
Packer, J. I. «Scripture». En NDT pp. 627-31.
Van Til, Cornelius. *Common Grace and the Gospel*. Presbyterian and Reformed, Nutley, N.J. 1973.

CÓMO ENTENDER LA BIBLIA

_____. *In Defense of the Faith vol. 1: The Doctrine of Scripture,* den Dulk Christian Foundation, Ripon, Calif., 1967, pp. 1-15.

_____. *In Defense of the Faith vol. 5: An Introduction to Systematic Theology.* Presbyterian and Reformed, Phillipsburg, N.J. 1976, pp. 62-109.

PASAJE BÍBLICO PARA MEMORIZAR

Mateo 4:4: *Jesús le respondió: «Escrito está: "No sólo de pan vive el hombre, sino de toda palabra que sale de la boca de Dios"».*

HIMNO

«Buscad primero»

> Buscad primero el reino de Dios
> Y su perfecta justicia,
> Y lo demás añadido será.
> Aleluya, Aleluya.
>
> No solo de pan el hombre vivirá,
> Sino de toda palabra
> Que sale de la boca de Dios.
> Aleluya, Aleluya.
>
> Pedid, pedid, y se os dará;
> Buscad y hallaréis
> Llamad, llamad y la puerta se abrirá.
> Aleluya, Aleluya.

AUTOR ANÓNIMO (TOMADO DEL HIMNARIO BAUTISTA, # 373)

Este canto moderno, en su segunda estrofa («No solo de pan el hombre vivirá») es una cita de Mateo 4:4 y expresa la necesidad que tenemos de la Biblia para mantener nuestra vida espiritual: vivimos de toda palabra que sale de la boca de Dios. Las demás estrofas del canto no hablan directamente de la doctrina de la necesidad de la Biblia, pero sí contienen las palabras de la invitación del Evangelio. Toda las estrofas son citas directas de la Biblia, y, como tales, serán alimento espiritual para nosotros al cantarlas y meditar en ellas.

Capítulo 8

LAS CUATRO CARACTERÍSTICAS DE LAS ESCRITURAS: (4) SUFICIENCIA

¿Es la Biblia suficiente para saber lo que Dios quiere que pensemos y hagamos?

EXPLICACIÓN Y BASE BÍBLICA

¿Debemos buscar otras palabras de Dios además de las que tenemos en la Biblia? La doctrina de la suficiencia de la Biblia considera este asunto.

A. Definición de la suficiencia de la Biblia

Podemos definir la suficiencia de la Biblia como sigue: *La suficiencia de la Biblia quiere decir que contiene todas las palabras de Dios que él quería que su pueblo tuviera en cada etapa de la historia de la redención, y todo lo que necesitamos que Dios nos diga para salvación, para confiar en él perfectamente y para obedecerle perfectamente.*

Esta definición hace énfasis en que solo en la Biblia debemos buscar las palabras de Dios para nosotros. También nos recuerda que Dios considera que lo que nos ha dicho en la Biblia es suficiente para nosotros, y que debemos regocijarnos en la estupenda revelación que nos ha dado y estar contentos con ella.

Significativo respaldo bíblico y explicación de esta doctrina se halla en las palabras de Pablo a Timoteo: «Desde tu niñez conoces las Sagradas Escrituras, *que pueden darte la sabiduría necesaria para la salvación* mediante la fe en Cristo Jesús» (2 Ti 3:15). El contexto muestra que «las Sagradas Escrituras» aquí significan las palabras escritas de la Biblia (2 Ti 3:16). Esto es una indicación de que las palabras de Dios que tenemos en la Biblia son todas las palabras de él que necesitamos a fin de ser salvos; estas palabras pueden hacernos sabios «para la salvación». Esto lo confirman otros pasajes que hablan de las palabras de la Biblia como los medios que Dios usa para llevarnos a la salvación (Stg 1:18; 1 P 1:23).

Otros pasajes indican que la Biblia es suficiente para equiparnos para vivir la vida cristiana. Pablo de nuevo le escribe a Timoteo: «Toda la Escritura es inspirada por Dios y útil para enseñar, para reprender, para corregir y para instruir en la justicia, *a fin de que el siervo de Dios esté enteramente capacitado para toda buena obra*» (2 Ti 3:16-17).

Aquí Pablo indica que un propósito por el cual Dios hizo que se escribiera la Biblia fue capacitarnos para que podamos estar «enteramente capacitados para toda buena obra». Si hay alguna «buena obra» que Dios quiere que el creyente haga, este pasaje indica que Dios ha hecho provisión en su palabra para capacitar al creyente para eso. Así que no hay ninguna «buena obra» que Dios quiera que hagamos aparte de las que se enseñan en alguna parte en la Biblia; ella puede capacitarnos para *toda* buena obra.

Una enseñanza similar se halla en el Salmo 119: «Dichosos los que van por caminos *perfectos, los que andan conforme a la ley del Señor*» (v. 1). Este versículo muestra un equivalente entre ser «perfectos» y «andar conforme a la ley del Señor»; los que son perfectos son los que andan en la ley del Señor. Aquí de nuevo tenemos una indicación de que todo lo que Dios requiere de nosotros consta en su palabra escrita; simplemente hacer todo lo que la Biblia nos ordena es ser intachables a los ojos de Dios.

Para ser moralmente perfectos a los ojos de Dios, entonces, ¿qué debemos hacer además de lo que Dios nos ordena en la Biblia? ¡Nada! ¡Nada en absoluto! Si guardamos las palabras de la Biblia seremos «perfectos» y estaremos haciendo «toda buena obra» que Dios espera de nosotros.

B. Podemos buscar todo lo que Dios ha dicho sobre temas en particular, y podemos hallar respuestas a nuestras preguntas

Por supuesto, nos damos cuenta de que nunca obedeceremos perfectamente toda la Biblia en esta vida (vea Stg 3:2; 1 Jn 1:8-10). Así que al principio pudiera parecer que no es muy significativo decir que todo lo que tenemos que hacer es lo que Dios nos ordena en la Biblia, puesto que nunca podremos obedecerla en su totalidad en esta vida. Pero la verdad de la suficiencia de la Biblia es de gran significación para nuestra vida cristiana, porque nos capacita para *enfocar* nuestra búsqueda de las palabras de Dios para nosotros solo en la Biblia y nos ahorra la interminable tarea de buscarlas en los escritos de los cristianos en toda la historia, o en todas las enseñanzas de la iglesia, o en todos los sentimientos e impresiones subjetivas que vienen a nuestra mente día tras día[1], a fin de hallar lo que Dios requiere de nosotros. En un sentido muy práctico quiere decir que podemos

---

[1] Esto no significa que las impresiones subjetivas de la voluntad de Dios son inútiles o que se deban ignorar. Eso sugeriría una noción casi deísta de que Dios (no) interviene en las vidas de sus hijos y una noción más bien mecánica o impersonal de su dirección. Dios puede usar, y en efecto usa, impresiones subjetivas de su voluntad para recordarnos y animarnos, y a menudo para impulsar nuestros pensamientos en la dirección apropiada en muchas decisiones rápidas que tomamos todo el día; y es la Biblia en sí misma la que nos habla en cuanto a estos factores subjetivos en la dirección (vea Hch 16:6-7; Ro 8:9, 14, 16; Gá 5:16-18, 25). Sin embargo, estos versículos sobre la suficiencia de la Biblia nos enseñan que tales impresiones subjetivas pueden tan solo *recordarnos* normas morales que ya están en la Biblia, o traer a la mente hechos que nosotros (por lo menos en teoría) podríamos haber sabido o sabíamos de otra manera; nunca pueden añadir a los mandamientos de la Biblia, o reemplazar la Biblia para definir cuál es la voluntad de Dios, o ser igual a la Biblia en autoridad en nuestras vidas.

CAPÍTULO 8 · LA SUFICIENCIA DE LAS ESCRITURAS

arribar a conclusiones claras sobre muchas enseñanzas de la Biblia. Por ejemplo, aunque requiere algo de trabajo, es posible hallar todos los pasajes bíblicos que son directamente pertinentes al tema del matrimonio y divorcio, o las responsabilidades de los padres para con los hijos, o las relaciones entre el creyente y el gobierno civil.

Esta doctrina significa, aun más, que es posible compilar todos los pasajes que se relacionan directamente con asuntos doctrinales como la expiación, o la persona de Cristo, o la obra del Espíritu Santo en la vida del creyente hoy. En estas y cientos de otras cuestiones morales y doctrinales, la enseñanza bíblica en cuanto a la suficiencia de la Biblia nos da confianza de que *podremos hallar* lo que Dios nos exige que pensemos y hagamos en estas cuestiones. En muchas de estas cuestiones podemos lograr confianza de que nosotros, junto con la vasta mayoría de la iglesia a través de la historia, hemos hallado y formulado correctamente lo que Dios quiere que pensemos o hagamos. Dicho en forma sencilla, la doctrina de la suficiencia de la Biblia nos dice que es posible estudiar teología sistemática y ética, y hallar respuestas a nuestras preguntas.

En este punto diferimos de los teólogos católico-romanos, que dirían que no hemos hallado todo lo que Dios nos dice en cuanto a un tema en particular mientras no hayamos escuchado la enseñanza oficial de la iglesia en toda su historia. Nosotros responderíamos que aunque la historia de la iglesia puede ayudarnos a *entender* lo que Dios nos dice en la Biblia, jamás en la historia de la iglesia Dios ha *añadido* a las enseñanzas o mandamientos de la Biblia; en ninguna parte en la historia de la iglesia fuera de la Biblia Dios ha *añadido* algo que nos exija que creamos o hagamos. La Biblia es suficiente para equiparnos para «toda buena obra», y andar en sus caminos es ser «perfectos» a los ojos de Dios.

En este punto también diferimos de los teólogos no evangélicos que no están convencidos de que la Biblia es la Palabra de Dios en un sentido único y absolutamente autoritativo, y que por consiguiente buscarían no solo en la Biblia, sino también en muchos otros de los primeros escritos cristianos, en un esfuerzo por hallar no tanto *lo que Dios le dijo* a la humanidad, sino más bien *lo que muchos cristianos iniciales experimentaron* en su relación con Dios. Ellos no esperarían llegar a una sola conclusión unificada en cuanto a lo que Dios quiere que pensemos o hagamos respecto a un asunto en particular, sino descubrir una variedad de opiniones y puntos de vista compilados alrededor de ideas principales unificadoras. Todos los puntos de vista sostenidos por los primeros cristianos en alguna de las primeras iglesias serían potencialmente puntos de vista válidos para que los cristianos los sostengan hoy también. A esto replicaríamos que nuestra búsqueda de respuestas a cuestiones teológicas y éticas no es una búsqueda para saber lo que varios creyentes han pensado en la historia de la iglesia, sino una búsqueda para hallar y entender lo que Dios mismo nos dice en sus propias palabras, que se hallan en la Biblia y solo en la Biblia.

Debido a que personas de toda clase de tradiciones cristianas han cometido serios errores cuando se han sentido confiados en que Dios les estaba «guiando» a tomar una decisión en particular, es importante recordar que, excepto en donde un pasaje explícito de la Biblia se aplica directamente a una situación, nunca podemos tener el ciento por ciento de certeza en esta vida de que sabemos cuál es la voluntad de Dios en una situación. Podemos tener solo grados variados de confianza en diferentes situaciones. Aunque nuestra capacidad para discernir la voluntad de Dios debe aumentar conforme crecemos en la madurez cristiana, inevitablemente cometeremos algunos errores. Respecto a esto he hallado útil una frase de Edmund Clowney: «El grado de certeza que tenemos respecto a la voluntad de Dios en una situación es directamente proporcional al grado de claridad que tenemos en cuanto a cómo la palabra de Dios se aplica a la situación» (de una conversación personal, noviembre 1992).

C. La cantidad de Escrituras dadas fue suficiente en cada etapa de la historia de la redención

La doctrina de la suficiencia de la Biblia no implica que *Dios* no pueda añadir otras palabras a las que ya le ha dicho a su pueblo. Más bien implica que *el hombre* no puede añadir por iniciativa propia otras palabras a las que Dios ya ha dicho. Todavía más, implica que de hecho *Dios no le ha dicho* a los seres humanos ninguna otra palabra que nos exija que creamos u obedezcamos aparte de las que ya tenemos ahora en la Biblia.

Este punto es importante, porque nos ayuda a entender cómo Dios pudo decirle a su pueblo que sus palabras para ellos eran suficientes en muchos puntos diferentes en la historia de la redención, y cómo él pudo no obstante añadir otras palabras más adelante. Por ejemplo, en Deuteronomio 29:29 Moisés dice: «Lo secreto le pertenece al Señor nuestro Dios, pero lo revelado nos pertenece a nosotros y a nuestros hijos para siempre, para que obedezcamos todas las palabras de esta ley».

Este versículo nos recuerda que Dios siempre ha tomado la iniciativa para revelarnos cosas. Él ha decidido qué revelar y qué no revelar. En cada etapa de la historia de la redención, lo que Dios había revelado era para su pueblo en ese tiempo, y ellos debían estudiar, creer y obedecer esas cosas. Con el progreso ulterior en la historia de la redención, se añadieron más palabras de Dios que registraban e interpretaban esa historia (vea el capítulo 3 respecto al desarrollo del canon).

De este modo, al tiempo de la muerte de Moisés los primeros cinco libros de nuestro Antiguo Testamento fueron suficientes para el pueblo de Dios en esa época. Pero Dios dirigió a autores posteriores para añadir más, de modo que las Escrituras fueran suficientes para los creyentes en tiempos subsiguientes. Para los cristianos de hoy, las palabras de Dios que tenemos en el Antiguo y Nuevo Testamentos juntos son suficientes durante la edad de la iglesia. Después de la muerte, resurrección y ascensión de Cristo, y la fundación de la iglesia primitiva según se registra en el Nuevo Testamento, y la compilación de los libros del canon del Nuevo Testamento, no ha tenido lugar ningún otro acto central redentor de Dios en la historia (actos que tienen pertinencia directa para todo el pueblo de Dios en el futuro), y por consiguiente no nos ha sido dada ninguna otra palabra de Dios para registrar esos actos e interpretárnoslos.

Esto quiere decir que podemos citar pasajes bíblicos de todo el canon para mostrar que el principio de la suficiencia de la revelación de Dios a su pueblo en cada momento en particular ha seguido siendo el mismo. En este sentido, estos versículos que hablan en cuanto a la suficiencia de la Biblia en periodos anteriores también se aplican directamente a nosotros, aunque el tamaño de la Biblia ahora es mayor que el tamaño de las Escrituras a que se referían en su escenario original. Los siguientes pasajes bíblicos, pues, se aplican a nosotros también en ese sentido:

No añadan ni quiten palabra alguna a esto que yo les ordeno. Más bien, cumplan los mandamientos del Señor su Dios. (Dt 4:2)

Cuídate de poner en práctica todo lo que te ordeno, *sin añadir ni quitar nada* (Dt 12:32).

CAPÍTULO 8 · LA SUFICIENCIA DE LAS ESCRITURAS

Toda palabra de Dios es digna de crédito; Dios protege a los que en él buscan refugio. *No añadas nada a sus palabras,* no sea que te reprenda y te exponga como a un mentiroso (Pr 30:5-6).

A todo el que escuche las palabras del mensaje profético de este libro le advierto esto: *Si alguno le añade algo,* Dios le añadirá a él las plagas descritas en este libro. Y si alguno quita palabras de este libro de profecía, Dios le quitará su parte del árbol de la vida y de la ciudad santa, descritos en este libro[2] (Ap 22:18-19)

D. Aplicaciones práctica de la suficiencia de las Escrituras

La doctrina de la suficiencia de Escrituras tiene varias aplicaciones prácticas a nuestra vida cristiana. La siguiente lista tiene el propósito de ser útil pero no exhaustiva:

1. La suficiencia de la Biblia debe animarnos al tratar de descubrir lo que Dios quisiera que *pensemos* (en cuanto a algún asunto doctrinal en particular) o que *hagamos* (en una situación en particular). Debemos sentirnos animados porque *todo* lo que Dios quiere decirnos respecto a ese asunto se halla en la Biblia. Esto no quiere decir que la Biblia responda a todas las preguntas que podamos concebir, porque «Lo secreto le pertenece al Señor nuestro Dios» (Dt 29:29); pero sí significa que cuando nos vemos frente a un problema de importancia genuina en nuestra vida cristiana, podemos acercarnos a la Biblia con la confianza de que en ella Dios nos proveerá dirección en ese problema.

Habrá, por supuesto, ocasiones cuando la respuesta que hallamos es que la Biblia no dice nada directamente sobre nuestra pregunta. (Este sería el caso, por ejemplo, si tratamos de hallar en la Biblia cuál es el «orden del culto» que debemos seguir los domingos por la mañana, o si es mejor arrodillarse o tal vez ponerse de pie cuando oramos, o a qué hora debemos servirnos nuestras comidas durante el día, etc.). En esos casos, podemos concluir que Dios no nos exige que pensemos o que actuemos de cierta manera respecto a ese asunto (excepto, tal vez, en términos de principios más generales respecto a nuestras actitudes y metas). Pero en muchos otros casos hallaremos dirección directa y clara del Señor para capacitarnos para «toda buena obra» (2 Ti 3:17).

Conforme avanzamos en la vida, la práctica frecuente de buscar en la Biblia dirección resultará en una capacidad creciente de hallar respuestas precisas, formuladas cuidadosamente, a nuestros problemas y preguntas. El crecimiento a lo largo de la vida en la comprensión de la Biblia incluirá, pues, crecimiento en la habilidad de entender apropiadamente las enseñanzas de la Biblia y aplicarlas a cuestiones específicas.

2. La suficiencia de la Biblia nos recuerda que *no debemos añadirle nada* y que *no debemos darle a otro escrito igual valor que a la Biblia.* Casi toda religión falsa o secta viola este principio. Los mormones, por ejemplo, aducen creer en la Biblia, pero también conceden autoridad divina a *El Libro de Mormón.* Los que siguen la Ciencia Cristiana similarmente aducen creer en la Biblia, pero en la práctica consideran que el libro *Ciencia y salud con clave a la Biblia* por Mary Baker Eddy, está a la par de la Biblia y por encima de ella en

---

[2]La referencia primaria de este versículoes, por supuesto, al libro de Apocalipsis mismo, pero su colocación al final del único libro que podría venir como último en el canon del Nuevo Testamentodificilmente puede ser accidental. De este modo, una aplicación secundaria de este versículo al canon por entero no parece inapropiada (vea la explicación en el capítulo 3, pp. 64-65).

autoridad. Puesto que estas afirmaciones violan los mandamientos de Dios de no añadir a sus palabras, no debemos pensar que en estos escritos se pueda hallar alguna palabra adicional de Dios para nosotros. Incluso en iglesias cristianas a veces se comete un error similar cuando hay quienes van más allá de lo que la Biblia dice, y afirman con gran confianza ideas nuevas en cuanto a Dios, o el cielo, basando su enseñanza no en la Biblia, sino en su propia especulación o incluso en experiencias que aducen, como haber muerto y haber regresado a la vida.

3. La suficiencia de la Biblia también nos dice que *Dios no nos exige que creamos nada en cuanto a sí mismo o su obra redentora que no se halle en la Biblia*. Entre los escritos de la época de la iglesia primitiva hay algunas colecciones de dichos que supuestamente expresó Jesús y que no fueron preservados en los Evangelios. Es probable que por lo menos algunos de estos «dichos de Jesús» que se hallan en esos escritos sean en realidad registros precisos de cosas que Jesús en efecto dijo (aunque ahora para nosotros es imposible determinar con algún alto grado de probabilidad cuáles serían esos dichos). Pero en realidad no importa para nada en nuestra vida cristiana que jamás leamos alguno de esos dichos, porque Dios ha hecho que se anote en la Biblia todo lo que necesitamos saber de las palabras y obras de Jesús a fin de confiar en él y obedecerle perfectamente. Aunque estas colecciones de dichos tienen algún valor limitado en la investigación lingüística y tal vez para el estudio de la historia de la iglesia cristiana, no tienen ningún valor directo para nosotros a la hora de aprender lo que debemos creer en cuanto a la vida y enseñanzas de Cristo, o para formular nuestras convicciones doctrinales y éticas.

4. La suficiencia de la Biblia nos muestra que *no debemos colocar ninguna revelación moderna de Dios en un nivel igual de autoridad al de la Biblia*. En varias ocasiones en toda la historia de la iglesia, y particularmente en el movimiento carismático moderno, ha habido quienes han aducido que Dios ha dado revelaciones por medio de ellos para beneficio de la iglesia. Sin embargo, como quiera que evaluemos tales afirmaciones, debemos tener cuidado de nunca permitir (ni en teoría ni en la práctica) que se coloquen tales revelaciones a igual nivel que la Biblia[3]. Debemos insistir en que Dios no nos exige que creamos nada en cuanto a sí mismo o a su obra en el mundo que esté contenido en esas revelaciones y no en la Biblia; y debemos insistir en que Dios no nos exige que creamos u obedezcamos ninguna directiva moral que nos venga mediante tales medios y que la Biblia no confirme. La Biblia contiene todo lo que necesitamos que Dios nos diga para confiar en él y obedecerle perfectamente[4].

También se debe notar en este punto que siempre que han surgido desafíos a la suficiencia de la Biblia en forma de otros documentos que se pretenden colocar junto a la Biblia (sea de literatura cristiana extrabíblica del primer siglo o de las enseñanzas acumuladas de la Iglesia Católico- Romana, o de libros de sectas como el *Libro de Mormón*), el resultado siempre ha sido (1) restarle énfasis a las enseñanzas de la Biblia misma y (2)

---

[3] De hecho, los portavoces más responsables del movimiento carismático moderno parecen concordar en general con esta precaución: vea Wayne Grudem, *The Gift of Prophecy in the New Testament and Today* (Kingsway, Eastbourne, England, y Crossway, Westchester, Ill, 1988), pp. 110-12; 245-50.

[4] No quiero implicar en este punto que estoy adoptando una noción «cesacionista» de los dones espirituales (es decir, la noción que sostiene que ciertos dones, tales como la profecía y hablar en lenguas, cesaron cuando los apóstoles murieron). Solo quiero afirmar que hay un peligro al concederles, explícita o incluso implícitamente, a estos dones un status que efectivamente cuestiona la autoridad o la suficiencia de la Biblia en las vidas de los creyentes. Una explicación más detallada de estos dones se da en *The Gift of Prophecy in the New Testament and Today* (vea n. 3 antes).

empezar a enseñar algunas cosas que son contrarias a la Biblia. Este es un peligro respecto al cual la iglesia siempre debe estar consciente.

5. Con respecto a vivir la vida cristiana, la suficiencia de la Biblia nos recuerda que *nada es pecado si no está prohibido por la Biblia, bien sea explícitamente o por implicación*. Andar en la ley de Dios es ser «perfecto» (Sal 111:1). Por consiguiente no debemos añadir prohibiciones a las que ya se indican en la Biblia. De tiempo en tiempo puede haber situaciones en las que podría estar mal, por ejemplo, que el creyente tome café o Coca-Cola, o que vaya al cine, o que coma carne ofrecida a los ídolos (vea 1 Co 8—10), pero a menos que se pueda mostrar alguna enseñanza específica o algún principio general de la Biblia que prohíba estas cosas (o cualquier otra actividad) para todos los creyentes, de todos los tiempos, debemos insistir que estas actividades no son pecado en sí mismas y que Dios no prohíbe esas cosas en toda situación para su pueblo[5].

Este es también un principio importante porque siempre hay en los creyentes una tendencia a empezar a descuidar la búsqueda diaria regular de dirección en la Biblia y empezar a vivir según un conjunto de reglas escritas o tácitas (o tradiciones denominacionales) respecto a lo que uno hace o no hace en la vida cristiana.

Es más, siempre que añadimos algo a la lista de pecados que prohíbe la Biblia misma, se le hace daño a la iglesia y a la vida de los creyentes como individuos. El Espíritu Santo no dará poder para la obediencia de reglas que no tienen aprobación de Dios en la Biblia, ni tampoco los creyentes en general hallarán deleite en la obediencia a mandamientos que no están de acuerdo con las leyes de Dios escritas en sus corazones. En algunos casos, los creyentes pueden repetida y fervientemente suplicarle a Dios «victoria» sobre supuestos pecados que en realidad no son pecados de ninguna manera, y sin embargo no se les dará ninguna «victoria», porque la actitud o acción en cuestión no es un pecado y no desagrada a Dios. Gran desaliento en la oración y frustración en la vida cristiana pueden ser generalmente el resultado.

En otros casos lo que resulta es la desobediencia continuada o incluso creciente a estos nuevos «pecados», junto con un falso sentido de culpa y alejamiento de Dios. A menudo surge una creciente insistencia rígida y legalista a estas nuevas reglas de parte de los que *en efecto* las siguen, y la comunión genuina entre los creyentes en la iglesia disminuye. A menudo la evangelización queda sofocada, porque la proclamación silenciosa del Evangelio que resulta de la vida de los creyentes por lo menos *parecerá* (a los de afuera) que incluye el requisito adicional de que uno debe encajar en este patrón uniforme de vida a fin de llegar a ser miembro del cuerpo de Cristo.

Un claro ejemplo de tales adiciones a los mandamientos de la Biblia se halla en la oposición de la Iglesia Católico-Romana a los métodos «artificiales» del control de

---

[5]Por supuesto, sociedades humanas tales como naciones, iglesias, familias, etc., pueden formular reglas de conducta en cuanto a sus propios asuntos (tales como «Los niños en esta familia no pueden ver televisión por la noche los días de clases»). En la Biblia no se puede hallar ninguna regla así, ni tampoco es probable que tal regla se pudiera demostrar por implicación partiendo de los principios bíblicos. Sin embargo, Dios exige la obediencia a estas reglas porque la Biblia nos dice que debemos estar sujetos a las autoridades gobernantes (Ro 13:1-7; 1 P 2:13—3:6; et al.). Una negación de la suficiencia de la Biblia ocurrirá solo si alguien intenta dar a la regla una aplicación generalizada fuera de la situación en la que debe funcionar apropiadamente («Ningún miembro de nuestra iglesia debe ver televisión por la noche en los días laborales» o «Ningún creyente debe ver televisión las noches de los días de trabajo»). En tales casos ya no sería una regla de conducta en una situación específica, sino un mandamiento moral que evidentemente se pretende aplicar a todo creyente cualquiera que sea su situación. No estamos en libertad de añadir tales reglas a la Biblia o intentar imponerlas a todos los creyentes sobre los que tenemos influencia, ni tampoco la iglesia como un todo puede intentar hacer esto. (Aquí, de nuevo, la Iglesia Católico-Romana diferiría y diría que Dios le da a la iglesia la autoridad para imponer reglas morales, en adición a la Biblia, sobre todos los miembros de la iglesia).

nacimientos, oposición que no tiene ningún respaldo válido en la Biblia. El resultado ha sido una desobediencia ampliamente extendida, alejamiento y culpa falsa. Sin embargo es tal la propensión de la naturaleza humana a cumplir tales reglas que probablemente se podría hallar otros ejemplos en tradiciones escritas o tácitas de casi cualquier denominación.

6. La suficiencia de la Biblia también nos dice que *Dios no nos exige nada que no esté ordenado en la Biblia explícitamente o por implicación.* Esto nos recuerda que el enfoque de nuestra búsqueda de la voluntad de Dios debe estar en la Biblia, antes que en buscar dirección mediante oración por circunstancias cambiadas o sentimientos alterados, o dirección directa del Espíritu Santo aparte de la Biblia. También quiere decir que si alguien *aduce* tener un mensaje de Dios diciéndonos lo que debemos hacer, nunca debemos dar por sentado que es pecado desobedecer tal mensaje a menos que pueda quedar confirmado por la aplicación de la misma Biblia a nuestra situación.

El descubrimiento de esta gran verdad podría dar tremenda alegría y paz a la vida de miles de creyentes que, gastando incontables horas procurando hallar la voluntad de Dios fuera de la Biblia, a menudo no tienen certeza de si la han hallado. Es más, muchos creyentes hoy tienen escasa confianza en su capacidad para descubrir la voluntad de Dios con algún grado de certeza. Así que hay escaso esfuerzo por hacer la voluntad de Dios (porque, ¿quién puede saberla?) y poco crecimiento en santidad delante de Dios.

Lo opuesto debería ser la verdad. Los creyentes que están convencidos de la suficiencia de la Biblia deberían empezar anhelantemente a buscar y hallar la voluntad de Dios en la Biblia. Deberían, con anhelo y regularmente, crecer en obediencia a Dios, y experimentar gran libertad y paz en la vida cristiana. Entonces podrían decir con el salmista:

> Por toda la eternidad obedeceré fielmente tu ley.
> *Viviré con toda libertad, porque he buscado tus preceptos....*
> *Los que aman tu ley disfrutan de gran bienestar,* y nada los hace tropezar. (Sal 119: 44-45, 165)

7. La suficiencia de la Biblia nos recuerda que en nuestra enseñanza doctrinal y ética debemos *hacer énfasis en lo que la Biblia hace énfasis y estar contentos con lo que Dios nos ha dicho en la Biblia.* Hay algunos temas respecto a los cuales Dios nos ha dicho muy poco o nada en la Biblia. Debemos recordar que «lo secreto le pertenece al Señor nuestro Dios» (Dt 29:29) y que Dios nos ha revelado en la Biblia exactamente lo que consideró apropiado para nosotros. Debemos aceptar esto y no pensar que la Biblia es algo menos de lo que debería ser, ni empezar a desear que Dios nos hubiera dado mucha más información en cuanto a temas sobre los cuales hay muy pocas referencias bíblicas. Por supuesto, habrá algunas situaciones en las que nos vemos confrontados con un problema en particular que requiere gran atención, mucho más que el énfasis que recibe en la enseñanza de la Biblia. Pero esas situaciones deben ser relativamente infrecuentes y no deberían ser representativas del curso general de nuestras vidas o ministerios.

Es característico de muchas sectas martillar porciones o enseñanzas oscuras de la Biblia (uno piensa en el énfasis mormón en el bautismo por los muertos, tema que se menciona solo en un versículo de la Biblia [1 Co 15:21], en una frase cuyo significado exacto ahora es evidentemente imposible de determinar con certeza). Pero un error similar lo cometió toda una generación de eruditos liberales del Nuevo Testamento en la primera parte del siglo pasado, que dedicaron la mayor parte de su vida académica a una búsqueda inútil de las fuentes «detrás» de nuestras narraciones presentes de los Evangelios o la búsqueda de los «auténticos» dichos de Jesús.

Desdichadamente, un patrón similar ha tenido lugar demasiado a menudo entre evangélicos dentro de varias denominaciones. Los asuntos doctrinales que han dividido a las denominaciones protestantes evangélicas entre sí casi uniformemente han sido asuntos sobre los cuales la Biblia pone relativamente poco énfasis, y asuntos en los cuales nuestras conclusiones se deben derivar de inferencia hábil mucho más que de afirmaciones bíblicas directas. Por ejemplo, ha habido o se han mantenido diferencias denominacionales respecto a la forma «apropiada» de gobierno de la iglesia, la exacta naturaleza de la presencia de Cristo en la Cena del Señor, la secuencia exacta de los eventos que rodearán el retorno de Cristo, el tipo de personas que se deben admitir en la cena del Señor, la manera en que Dios planeó que los méritos de la muerte de Cristo se apliquen a los creyentes y no a los que no creen, los candidatos apropiados para el bautismo, la correcta comprensión del «bautismo en el Espíritu Santo», etcétera.

No debemos decir que estos asuntos no tienen ninguna importancia, ni tampoco debemos decir que la Biblia no dé solución a ninguno de ellos. Sin embargo, puesto que todos estos temas reciben *relativamente escaso énfasis directo en la Biblia,* es irónico y trágico que dirigentes denominacionales a menudo dediquen gran parte de su vida a defender precisamente puntos doctrinales menores que hacen a sus denominaciones diferentes de otras. ¿Está realmente tal esfuerzo motivado por el deseo de lograr unidad de comprensión en la iglesia, o acaso pudiera brotar en alguna medida del orgullo humano, de un deseo de retener poder sobre otros, o de un intento de autojustificación, lo cual desagrada a Dios y a la larga no edifica para nada a la iglesia?

PREGUNTAS PARA APLICACIÓN PERSONAL

1. En el proceso de crecer en la vida cristiana y ahondar su relación con Dios, ¿aproximadamente cuánto énfasis ha puesto usted en la lectura de la Biblia y cuánto a leer otros libros cristianos? Al procurar saber la voluntad de Dios para su vida diaria, ¿cuál es el énfasis relativo que usted asigna a leer la Biblia o a leer otros libros cristianos? ¿Piensa usted que la doctrina de la suficiencia de la Biblia le hará poner más énfasis en la lectura de la Biblia?

2. ¿Sobre cuáles asuntos doctrinales o morales usted tiene interrogantes? ¿Ha aumentado este capítulo su confianza en la capacidad de la Biblia para dar una respuesta clara a alguna de esas preguntas?

3. ¿Alguna vez ha querido que la Biblia dijera más de lo que dice respecto a algún tema? ¿O menos? ¿Qué piensa que motivó ese deseo? Después de leer este

4. Si la Biblia contiene todo lo que necesitamos que Dios nos diga para obedecerle perfectamente, ¿cuál es el papel de lo siguiente para ayudarnos a hallar la voluntad de Dios por nosotros mismos: consejo de otros, sermones o clases bíblicas, nuestra conciencia, nuestros sentimientos, la dirección del Espíritu Santo al percibirle impulsando nuestros deseos internos e impresiones subjetivas, los cambios de circunstancias, el don de profecía (si usted piensa que puede existir hoy)?

5. A la luz de este capítulo, ¿cómo podría usted hallar la voluntad «perfecta» de Dios para su vida? ¿Es posible que podría haber más de una alternativa «perfecta» en muchas decisiones que tomamos? (Considere Sal 1:3 y 1 Co 7:39 al buscar la respuesta).

6. ¿Ha habido ocasiones en las que usted ha entendido los principios de la Biblia respecto a una situación específica, pero no ha conocido los hechos de la situación lo suficiente como para saber aplicar correctamente esos principios bíblicos? Al procurar saber la voluntad de Dios, ¿puede haber otras cosas que necesitamos saber excepto (a) la enseñanza de la Biblia y (b) los hechos de la situación en cuestión, junto con (c) la habilidad para aplicar (a) a (b) correctamente? ¿Cuál es, entonces, el papel de la oración al buscar dirección? ¿Por qué cosas debemos orar?

TÉRMINOS ESPECIALES

perfecto
suficiencia de la Biblia

BIBLIOGRAFÍA

Friesen, Garry, y J. Robin Maxson. *Decision Making and the Will of God*. Multnomah, Portland, Ore., 1981.
Packer, J. I. «Scripture». En *NDT* pp. 627-31.
Weeks, Noel. *The Sufficiency of Scripture*. Banner of Truth, Edimburgo y Carlisle, Pa. 1988.

PASAJE BÍBLICO PARA MEMORIZAR

Salmo 119:1: *Dichosos los que van por caminos perfectos, los que andan conforme a la ley del Señor.*

CAPÍTULO 8 · LA SUFICIENCIA DE LAS ESCRITURAS

«¡Cuán firme cimiento!»

Pocos himnos, si acaso alguno, tratan específicamente de la suficiencia de la Biblia, tal vez porque los cristianos no se han dado cuenta del gran consuelo y paz que esta doctrina trae a la vida cristiana. Pero la primera estrofa del siguiente himno contiene una afirmación de esta doctrina. Empieza diciéndonos que Dios ha colocado en su palabra un firme cimiento para nuestra fe. Luego dice: «¿Qué más pudiera en su libro añadir?». Las promesas ricas y plenas de Dios en toda la Biblia son suficientes para todas nuestras necesidades en toda circunstancia. ¡Esto debería ser causa de gran regocijo! Las siguientes estrofas contienen citas, paráfrasis, y alusiones a las promesas de Dios que están esparcidas por toda la Biblia, muchas de ellas en Isaías. Las estrofas 2 - 6 fueron compuestas como oraciones de Dios para nosotros, y cuando las cantemos debemos pensar que son las palabras de las promesas de Dios a otros en la congregación para su consuelo y estímulo.

> ¡Cuán firme cimiento se ha dado a la fe
> De Dios en su eterna palabra de amor!
> ¿Qué más él pudiera en su libro añadir,
> Si todo a sus hijos lo ha dicho el Señor?
> ¿Si todo a sus hijos lo ha dicho el Señor?
>
> No temas por nada, contigo yo soy;
> Tu Dios yo soy solo, tu ayuda seré;
> Tu fuerza y firmeza en mi diestra estarán
> Y en ella sostén y poder te daré.
> Y en ella sostén y poder te daré.
>
> No habrán de anegarte las ondas del mar,
> Si en aguas profundas te ordenó salir;
> Pues siempre contigo en angustias seré,
> Y todas tus penas podré bendecir.
> Y todas tus penas podré bendecir.
>
> La llama no puede dañarte jamás,
> Si en medio del fuego te ordeno pasar;
> El oro de tu alma más puro será,
> Pues solo la escoria se habrá de quemar.
> Pues solo la escoria se habrá de quemar.
>
> Al alma que anhele la paz que hay en mí,
> Jamás en sus luchas la habré de dejar;
> Si todo el infierno la quiere perder,

¡Yo nunca, no, nunca, la puedo olvidar!
¡Yo nunca, no, nunca, la puedo olvidar!

AUTOR: JOHN RIPPON, TRAD. VICENTE MENDOZA.
(TOMADO DE EL NUEVO HIMNARIO POPULAR #319)

Nos agradaría recibir noticias suyas.
Por favor, envíe sus comentarios sobre este libro
a la dirección que aparece a continuación.
Muchas gracias.

Editorial Vida®
.com

Editorial Vida
Vida@zondervan.com
www.editorialvida.com